名人励志传记丛书

名人励志传记丛书
爱因斯坦传
Albert Einstein

孙立军 主编

江西教育出版社
JIANGXI EDUCATION PUBLISHING HOUSE

图书在版编目（CIP）数据

爱因斯坦传 / 孙立军主编． —— 南昌：江西教育出版社，2018.10（2021.8 重印）

（名人励志传记丛书）

ISBN 978-7-5705-0495-4

Ⅰ．①爱… Ⅱ．①孙… Ⅲ．①爱因斯坦（Einstein, Albert 1879-1955）– 传记 Ⅳ．① K837.126.11

中国版本图书馆 CIP 数据核字 (2018) 第 201250 号

爱因斯坦传
AIYINSITAN ZHUAN

孙立军　主编

江西教育出版社出版

（南昌市抚河北路 291 号　　邮编：330008）

各地新华书店经销

三河市三佳印刷装订有限公司印刷

635 毫米 ×960 毫米　　16 开本　　12 印张　　字数 130 千字

2018 年 10 月第 1 版　　2021 年 8 月第 2 次印刷

ISBN 978-7-5705-0495-4

定价：36.00 元

赣教版图书如有印装质量问题，请向我社调换　电话：0791-86710427

投稿邮箱：JXJYCBS@163.com　　电话：0791-86705643

网址：http://www.jxeph.com

赣版权登字 -02-2018-473

版权所有　侵权必究

前言

> 在学习和生活中，最重要的动力是乐趣，是学习和工作获得结果的乐趣，还有就是对这个结果的社会价值的认识。
>
> ——爱因斯坦

1879年3月14日，一个犹太男婴出生在美丽的德国小城乌尔姆，父母为他取名叫作阿尔伯特·爱因斯坦——这个刚刚出生的男婴看上去长得一点儿都不英俊，仅从他的面相看，你可能会觉得他长大后也只能是无数平凡人中的一员。

可是，令所有人吃惊的是，这个男婴长大后，却成了小城乌尔姆的骄傲、犹太民族的骄傲——他成为继英国大科学家牛顿之后的又一位划时代的大科学家，他提出的"相对论"更新了牛顿的"万有引力"学说，也让全世界迎来了一个全新的时代。

作为近代科学发展史上最伟大的科学家、现代物理学的开创者，爱因斯坦的一生是值得我们每一个人学习的。在年少时期，一直被老师和同学嘲笑的他虽然很"笨"，但是在学习上他却从来不偷懒，不论是学习音乐还是学校的功课，他都努力做到最好，尽自己最大的努力去赢得别人的赞赏与优异的成绩；长大以后，他不甘于贫穷，坚决不向残酷的命运低头，由一名没有拿到高中毕业证的"差等生"成为了一名收入优良的公务员，后来凭借着对理想的执着而成为了一名大学教授。最后，勤奋而又聪慧的他，提出了奠定现代物理学基础的相对论、光电效应、能量守恒和宇宙常数等重要理论，并于1921年获得了诺贝尔物理学奖。

很多年前，那个"笨"得出名的小男孩走出了一条令人难以置信的人生轨迹，成为了"现代物理学之父"——除了为现代物理学的开创和发展奠定了坚实的理论基础之外，爱因斯坦还是一位受人敬仰的和平主义者——他反对战争，热爱和平，声称自己是一位"世界公民"。不过，令人哀伤的是，一生都在呼吁和平的他却没有想到，自己的科学理论竟然"孕育"出了世界上威力最大的杀伤性武器——原子弹。

爱因斯坦是一个从小就喜欢运动的人，从童年到老年，他一直都把运动看作是与工作同样重要的事情，不论是学习或工作十分紧张的情况下，还是身体不舒服的时候，他都会坚持运动，去爬爬山、骑骑车、玩玩赛艇等。因此，有人这样形容他："爱因斯坦在工作的时候是个疯子，运动的时候更是个疯子，他就像一台有着用不完的精力的'永动机'!"

然而,就是这样一位热爱学习、工作和生活的人,却并没有成为一台永远会运转下去的"永动机"——他虽是一位伟大的人,但也和千千万万个普通人一样,要面对生老病死的人生宿命——1955年4月18日,76岁的他走到了生命的终点……

现在,这位伟大的科学家逝世已经半个多世纪了,但是他那伟大光辉的事迹却并没有随着时间的流逝而逐渐消散,相反,他那高大的形象依旧深深地铭刻在每一代人的记忆里,并激励着大家:人生就是一场奋斗,只要坚持不懈就会取得伟大的成就!

目录

前言 / 1

第一章
一个喜欢独立思考的少年 / 1
一位让整座城市都尊敬的老科学家 / 1
也许,他长大后会成为一名大教授 / 11
被赞誉为"数学神童" / 19

第二章
"相对论"震惊了全世界 / 36
成功踏进苏黎世联邦工学院 / 36
与"老同学"步入婚姻的殿堂 / 41
相对论:一个全世界为之瞩目的理论 / 47
终于成为一名教授 / 57
与米列娃的婚姻走到了尽头 / 72
艾莎表妹成为他的新伴侣 / 75

第三章

成为闻名全世界的物理学大师 / 79

"相对论"更新"万有引力" / 79
从此生活在赞美和荣誉中 / 97
中国的足迹:他曾经两次到访中国 / 112
前往东方的新旅程 / 120
荣耀巅峰:成为诺贝尔物理学奖得主 / 128
再一次前往美利坚合众国 / 142

第四章

永不放弃的伟大战斗者 / 150

不幸的遭遇:成为纳粹的迫害对象 / 150
流亡岁月:被迫前往比利时 / 153
成为普林斯顿研究院的一分子 / 159

第五章

世人尊敬的"原子能之父" / 166

有史以来对人类影响最大的公式 / 166
一封写给罗斯福总统的信 / 171
原子弹:世界上威力最大的炸弹 / 174
一代科学巨匠悄然陨落 / 178

第一章

一个喜欢独立思考的少年

一位让整座城市都尊敬的老科学家

"不可以,不可以,琪哥,今天早晨实在是太冷了,你不能出去溜达了。"

这位白发苍苍的老教授对他那只顽皮可爱的小哈巴狗摇着头说道,随后轻轻地把大门合上,沿着那条被洁白的雪花覆盖的小路径直走了下去。他的那头白发被冷冽的寒风吹得乱糟糟的,不过在他那张沧桑中透着智慧的脸孔的映衬下,那头蓬乱的白发看上去就好似圣者头顶的那圈光环。他停下脚步,将身上那件破皮衣的纽扣扣上,然后缓缓地将未戴手套的双手塞进了长裤的口袋里。

沿着玛瑟街走了不长的一段路,他便停下来和普林斯顿大学的一位教授热情地互道早安,这位教授正冒着风雪,准备去给学生们上早课。一位邮差也站在路旁边,他对"这场新泽西州罕见的大风雪"做了一番精确的论断。到了下一个路口,一名腋下夹着教科书的小女孩从花园中的小路上跑了过来。

"嗨,亲爱的爱因斯坦爷爷!"她向他走了过来,"您还记得我上个礼拜请教您的那道关于除法的数学题吗?现在,我全部掌握了,昨天我的数学试卷发下来了,考了一百分呢!"

"太棒了!"他的脸上露出了微笑。那个小女孩微笑着走到他面前。

"我妈妈告诉我,我不应该打扰您,因为您是个大忙人,"她继续说着,"但我想跟您说,我已经答应您了,只要您能帮助我,我就送您一个我最喜欢的蛋卷冰激凌。这个周六我有了零花钱以后,就给您带一份巧克力味道的。"

他们来到了街转角的时候,小女孩说:"我要快点走了,不然就迟到了。"临转身前,她又用责备的眼神看了一眼他那双湿答答的皮鞋,"爱因斯坦先生,您的皮鞋上没有套橡胶套,又忘了吧!"

他呵呵地笑着,一把拉起他的裤腿露出脚踝。"我还忘了穿袜子呢!今天运气不错,出门时没有被我妹妹或秘书杜斯卡小姐她们发现,在她们眼里我就是个糟老头子,唉,像我们这样的年轻人又怎么会怕这一点点风雪呢，对吧？"小女孩点点头，微笑着离开了。

一辆汽车缓缓地停靠在马路边，司机伸出头喊道："爱因斯坦博士，您去城里吗？搭个顺风车吧。"

"谢谢您，我还想再溜达一小会儿呢。"

"好的，顺便说一句，我太太十分喜欢您前天晚上在电视台的讲话。"

几分钟过后，一位牛奶工站在送奶车上大声喊道："嗨，博士！"一位拎着菜篮子的主妇，一脸羞怯地向他问了声早安。这时候，街道尽头的火车站已经映入了爱因斯坦的眼帘，他觉得散步已经散够了。

他觉得自己应该喝一杯咖啡再走回去，今天实在是太冷了。"唉，我家中那两个女人是不允许我在外面吃早餐的。"他想到。

他正要走进那家小餐馆，却被街角那个卖报纸的小孩给喊住了，"嗨，爱因斯坦先生，想听点有趣的新闻吗？昨天，火车站来了几个很时髦的家伙，我听见他们向人打听玛瑟街在哪里，好像要去拜访您。那个被问的男士说，我当然能告诉你们爱因斯坦先生住哪里，因为普林斯顿的每个人都认识这位令人尊敬的老教授。"

"里面坐，里面坐。"小餐馆高个子的希腊老板克瑞斯热情地说道，随后打开门，"爱因斯坦先生，您有一个多礼拜没光顾我们这里了，我有很多的问题想问问您。"

爱因斯坦拉过长柜台前的一张椅子坐了上去，解开自己皮衣上的纽扣，使劲儿地甩了一下头发，几片雪花飘落在了地上。"克瑞斯，给我一杯咖啡，我还要一块儿甜饼。"

几位穿着厚毛衣的男大学生正激烈地讨论着棒球，一看见爱因斯坦，他们马上向他问好。一位正在吃三明治的出租车司机，忙放下三明治，上前替爱因斯坦点燃烟斗。

克瑞斯说："爱因斯坦先生，我很想问您一个问题，上星期，我从一本杂志上看到大家都在讨论您那伟大的发现。杂志上说，您在您的著作中写道：'天上的太空不断地旋转……'"他比画着，说："我不禁想到……"他突然停止了比画，一脸不好意思，因为他发现那几个大学生在听他说话。

"你想到什么？"爱因斯坦用鼓励的口吻对他说道，说完后咬了一口他妹妹一直不允许他吃的甜饼。

"我有点担心，担心我有一天到了太空，却发现那里什么都没有，那时候我能去哪里呢？"

爱因斯坦把头向后一仰，哈哈大笑起来："不用担心，克瑞斯。"他温和地说道："你永远也不会到那么远的地方的。"说完后，他在衣服口袋里一阵乱摸，"坏了，我出来的时候连个硬币都没带。"

"没事儿。"克瑞斯微笑着说道，"上次您离开后，我发现您多给了一毛五分钱。"

"是吗？呵呵，我从来都不是数学家，"爱因斯坦笑呵呵地说着，"我付钱时总出错。"

爱因斯坦离开餐厅后，一位大学生笑着说道："他真的跟笑话中讲的那个马虎的教授一样，你们听过那个笑话没有，一次，他在大学里替英芬博士示范他的一项理论成果。大家都知道，爱因斯坦教授是从来都不穿吊带裤的，那天他可忙死了，没有系皮带的他一边在黑板上画线，一边注意着那随时会掉下来的裤子。"

大家都哈哈大笑起来，唯独克瑞斯没有笑。

"你们不要嘲笑他，"克瑞斯一脸愤怒地说道，"我虽然没读过多少书，但很多人告诉我，他是这个世界上最聪明的人。"

爱因斯坦像往常一样，轻快地走在回家的路上。雪已经停了，家家户户都在忙着清理积雪。一些只在报纸上见过他的人，轻声地向他道声"早安"。有些人则停下来，拄着铁铲子，和他愉快地聊上一会儿，从天气一直聊到欧洲的最新消息。爱因斯坦则是尽量地少说话，他希望自己能早点回家，于是他和蔼地向大家挥手道别，再晚点回家，今天的工作就做不完了。

邻居们真是太热情了，他一边走一边感叹，明天应该另选一条出城的道路，要安静。如果总有人和自己打招呼、聊天，哪里还有时间去思考呢？

玛瑟街最后的那几段路程没有遇到一个人，当他站在他的那

栋白色木板屋顶的房子面前时，他已经沉浸在了思考中，所以他没有发现那个坐在屋檐下台阶上的年轻的陌生人。

"爱因斯坦教授，"那位年轻人喊道，接着他又说："我等了您快一个钟头了。"

这位年轻人的德国口音非常重，比爱因斯坦还重很多。一直都喜欢说家乡话的爱因斯坦听到后，马上用德语回答道："年轻人，你怎么不按门铃呢？"

"我按了，"这个年轻人也马上用德语回答道，"可是我没有得到那位女士的允许。我告诉她，我不是上门推销东西的，"他说着低头看了一眼脚边的那只黑色皮箱，"我告诉她，我只想拍摄一些您的照片，并作一个简短的采访，她却毫不犹豫地关上了门。"

爱因斯坦故意摆出一副很严肃的样子，"杜卡斯小姐没有做错。我经常对她说，我不想再拍摄照片，也不愿意接受采访。只要破例，就会有几百次采访等着我。那我以后还怎么思考？怎么做研究呢？为什么大家都喜欢看我的采访呢？我想说的话，全都在我的书上了。"

"可是……"年轻人一脸绝望地说道，"我这次采访要是失败了，我就会失业，您也许不知道纽约现在有多少犹太难民，都想有一份工作糊口。"

"唉，我现在也是一个难民，但我很幸运，我来这个国家后，并不需要为工作发愁。很抱歉，您冷得在发抖，要是您愿意，我想请您进来喝一杯茶。可是，我又没有带钥匙。"

在等待门被打开的这段时间里，白发苍苍的爱因斯坦用和蔼的目光看着这位年轻人，从他那顶外国软帽一直看到那双宽大的鞋子。"您刚从德国来到这里吧？"他猜测地问道："您来自德国的哪个地方，您的家人呢？"

"我的家人……"年轻人的眼眶里一下子充满了泪水，"我家在乌姆，我的父母亲惨死在了集中营。"

"乌姆！"爱因斯坦一下子激动了，他一把拉起年轻人的手说道，"那可是我的出生地啊！"

大门被一位一脸不高兴的妇人打开了，她还没有来得及说话，爱因斯坦就已经微笑着介绍起了这个年轻人。

"杜卡斯小姐，他是从德国乌姆来的，太不容易了。我已经邀请他进门做客了，因为他可能带来我们德国亲友的消息。"这位女秘书不是很高兴地注视着他们，看他们走进了客厅。"另外，他必须暖和暖和，才能走回火车站，今天真是太冷了！"爱因斯坦接着说。

"您知道冷，为什么不穿袜子就出去溜达了呢？"杜卡斯小姐责问到，"您刚出去，我就发现那双为您准备的新羊毛袜子还扔在沙发上呢！"

这个年轻人的眼神中泛着哀怨的光泽，他迅速地扫视了一下这间小屋的陈设，屋里是如此的雅致，有钢琴、书架以及古董家具。

"看到这一切，我不由得想起我的老家。"年轻人轻声说道。

"我很幸运，柏林公寓的家具都被我搬到了美国。"爱因斯坦接着说道："希特勒没有把我的这些宝贝毁掉，幸亏有几个朋友的帮助。窗子外面，是一座很漂亮的花园，这是我妻子选中这栋房子的主要原因。遗憾的是，她已经去天堂了，现在是我妹妹玛珈和善良的杜卡斯小姐在照料我的生活。"

"没有人能把你照料好，"杜卡斯小姐一脸不悦地说道，"赶紧把脚上那双湿皮鞋脱下来吧，我替你拿双拖鞋。坐下来，看看刚才邮差送来的信。我把你要去纽约演讲的电报放在了最上面，这是你要马上回复的。"说完话后，杜卡斯小姐匆匆离开了。

"坐下来，好孩子，坐！"爱因斯坦热情地招呼道，他自己也在一把椅子上坐了下去，杜卡斯小姐又把那只卷毛狗放在他的膝盖上。他对杜卡斯小姐说道："谢谢，我马上看信，只是，杜卡斯小姐，我想先听听这位年轻人告诉我……"

"我早就跟他说了，你的时间珍贵，不能浪费在采访上。"杜卡斯小姐提醒说，"准备刊登在《新闻报》上的那篇文章的一部分，还要整理为原子弹委员会要的笔记，他们今天下午就要来取稿了。"

"我不接受采访，"爱因斯坦笑着对杜卡斯小姐说，"我只给他十分钟的时间，让他暖和暖和，并解答我的几个问题，然后你就可以让他出去了。"

屋子里只剩下了他和那位年轻人。年轻人结结巴巴地说道:"我真的不敢打扰您,但是您能跟我谈上几句,并让我拍上一张照片,我相信我就会保住饭碗。"

"不可以,我的愚蠢照片已经够多了。一回,一个记者要我拍摄一张拉小提琴的照片。我告诉他:'咱们换种方式吧,你愿不愿意拍一张我倒立的照片?'"

年轻人的脸上费力地挤出了一点笑容,"我不会浪费您太多的时间,"他的嘴唇不停地在抖,他弯下腰慢慢地提起皮箱,"我想,我们都是难民……"

此时此刻,这位伟大的科学家心里想着:我们都是难民,如今我已经躲在安全的避风港,而这个孩子却孤身在美国艰难谋生,着实可怜!

"假如你的动作能快一点的话,"爱因斯坦语气温和地说,"在杜卡斯小姐再一次站在我们面前之前,你能替我拍一两张照片。趁着你打开皮箱去取相机的工夫,我能和你简单地谈一些问题。所有的这一切之前都讲过——我早年在德国的生活,如何一夜之间闻名全世界;德国人如何给了我很多的荣誉,又如何给我戴上了一顶'叛徒'的帽子,并重金悬赏我的人头。你也不必浪费时间让我说关于家乡乌姆的记忆。那时候我还很小,还没有多少关于故乡的记忆,就被父母亲带到慕尼黑去了。"

爱因斯坦抚摸着那只可爱的卷毛狗,双眼望着窗外。"你知道我对慕尼黑最深刻的记忆是什么吗?一次,应该在床上睡觉的我,却偷偷爬下床坐在楼梯口,聆听母亲弹奏出悦耳的贝多芬的乐曲;在我五岁那年,有一天父亲把他装在怀表表链上的一个小饰品拿给我看,那是一个玩具罗盘。很多时候我都会想起,我人生中第一次对科学感兴趣,应该就是从那个小罗盘开始的……"

也许,他长大后会成为一名大教授

那是1984年的一天傍晚,赫曼·爱因斯坦先生——慕尼黑的一家犹太人工厂的老板——着急地扯着面前的白色餐巾。美味的通心粉早就准备好了,有着一对红脸蛋的女佣人将一份烤得散发着浓浓香味的烤鸡端上了餐桌。拿起面前的切肉刀后,赫曼先生皱了一下眉头,又把刀放在了桌子上。

"波林,"他向对面的妻子问道:"爱因斯坦去哪儿了?他究竟在忙些什么重要的事情,连晚饭都顾不上吃?"

"我猜他可能在这附近找到了一位不错的小伙伴吧,"赫曼夫人说道,"你知道的,小孩子一旦玩疯了,有时候就不会觉得自己的肚子正饿得咕咕叫呢。"

旁边一头黑色卷发的小女孩玛珈急着吃马铃薯,这位女主人只好暂时停止了说话,忙着为小女孩把马铃薯切开。

"我带着孩子们去公园玩耍的时候,玛珈可以和每一个小朋友玩在一起。可是，当其他的小男孩邀请爱因斯坦和他们一起玩耍时，他总是一口拒绝。"

赫曼夫人轻轻地叹了一口气后又接着说道："他可能是学说话的时间比较晚一点，才会表现出这个样子，应该是比较害羞吧。"

"我知道爱因斯坦这会儿在哪里玩呢。"吃着马铃薯的玛珈慢吞吞地说道。

"他在哪儿呢？"父亲看着玛珈问道。

"他应该在花园里，他很喜欢在花园里走来走去，"小女孩说，"他总是把我赶出花园，又不跟爱莎表妹玩耍。他只喜欢编一些小曲子，走路的时候哼唱着。"

"他现在到底在什么地方？"赫曼先生问道。

玛珈回答道："他现在就在我们家花园的最里面，在靠近篱笆的那棵大树底下。他喜欢坐在那里，唱他自己编的那些歌儿。"

玛珈又低头吃她的晚餐了。赫曼先生吩咐全部女佣人把那个忘记回家吃饭的孩子找回来。没过几分钟，爱因斯坦就站在了门口，低着头，看上去就像犯了很大的错误，等待着大人们的责罚。他和他的妹妹玛珈长得很像，一样的黑发，一样的大眼睛。不过，不同的是，在妹妹玛珈笑的时候、玩得开心的时候，哥哥爱因斯坦却总是沉浸在自己的想象世界中。

赫曼先生慢慢地拿出了自己那只看上去十分厚重的金表，然后把金表放在自己五岁的儿子面前，说道："你自己看看，现在几点钟了,到了该做什么的时间了?"

爱因斯坦慢慢地走到餐桌前,这时的他对于现在是几点钟一点儿兴趣都没有,他心里唯一想的就是父亲不要再责备他了,并希望自己能快点品尝到那只美味的烤鸡,因为那只烤鸡所散发出来的浓郁香味实在是太诱人了。可是当他不得不慢慢地弯下腰看那只金表时,却立刻对那只金表链子上的一个金质小饰品产生了浓厚的兴趣。

"爸爸,您这只金表上的这个小东西是什么?"爱因斯坦睁着一双充满好奇的大眼睛问。

"你之前看过差不多几千次了,"他的妈妈说,"你不要为了不被爸爸责骂你,就故意岔开话题。"

"我没有这样想,妈妈,"爱因斯坦突然一脸严肃地告诉母亲,"我真的很想知道,为什么我每一次拿起这只表的时候,里面的小针就会动一动。"

赫曼先生看上去非常高兴,因为小爱因斯坦很难对一件东西这么感兴趣。赫曼先生之前甚至有过这样的念头,养育这样一个笨得要死的儿子真是太让人头痛了。可是这会儿,他的脸上露出了笑容,并撕下了几大块烤鸡肉放进了儿子面前的盘子里,最后又夹了一些胡萝卜和马铃薯放进了儿子的餐盘里。

"你快点吃饭,我就马上告诉你,"父亲保证说,"这是一个小罗盘。它很小,对不对?可是它和那些大罗盘比起来一样精准，人们在大海上航行的时候就用它来确定方向。"

"它上面的那四个小字母是什么意思？"

"这四个字母分别是东、西、南、北。中间那个黑色的指针就是指向北方的，假如有一天你在森林里迷路了，只要你带着一个罗盘，就能够一眼看出北方在哪里，然后你就能找到走出去的路了。"

"那只黑色的指针会一直指着北方吗？"

"对，它会一直指着北方。"

"这是为什么呢？"

"亲爱的，让爱因斯坦赶紧吃饭吧，"赫曼夫人打断了这对父子的谈话，同时拿起桌子上的铃铛摇了摇，催促女仆赶紧把甜点端上来。"你忘记了吗？今天晚上工厂里的几个工程师要来这里听音乐会。如果我们不快点吃完晚餐，在他们到来之前，我们就连换衣服的时间都没有了。"

然而，爱因斯坦却一点儿都不着急，他继续一边吃一边滔滔不绝地向爸爸提问，并要求父亲送他一个罗盘，并把这个罗盘当作他下一次的生日礼物。

"只要你听大人的话，能够按时回家吃晚饭，我保证送你一个罗盘。"母亲说。

母亲说完后就马上回到了房间，换下了身上的那件黑色羊毛衫，穿上了她最喜欢的那件有条漂亮花边领子的深红色丝绸礼服。

玛珈站在梳妆台边上，看着母亲用木梳子梳着她那头油亮的长发。她拿起香水瓶，向母亲要了一个发夹，学着母亲的样子夹住自己漂亮的卷发。随后，她对妈妈说，等她长大了以后，会一直穿一件花边领子的红色礼服，而不会等到家里来客人的时候才穿。

爱因斯坦和父亲并排走到客厅，客厅里陈列着一家人的画像，大理石桌面上摆放着一个插满鲜花的大花瓶。赫曼先生拿起一份今天的晚报看了起来，可是爱因斯坦却站在他的身边不停地提着问题。赫曼先生的工厂以生产电器和化学品为主，所以他对科学的认识比一般商人要高得多。不过，他并不想满足旁边这个五岁孩子的好奇心。

"你可以去向杰克叔叔提问！"父亲建议道，"他很喜欢回答你提出的这些问题。"

"但是杰克叔叔不在这里啊，我现在就想知道这些问题的答案。"

"你想不想听我讲故事？"父亲哄着他说，"我刚才想起了席勒先生写的一个故事，故事里讲一位骄傲的女士把她的手套扔进了一群凶猛的狮群里；要不你听我朗诵一段海涅的诗吧，我知道你一直都很喜欢听他的《罗列莱》，是吧？"

"不，我只想听你讲关于罗盘的故事，为什么这只黑色的指针会一直指着北方？"

"那是因为这只黑色的指针被磁化了。"

"磁化？"爱因斯坦的嘴里慢慢地吐出这个词，"那什么又是磁化呢？"

这时，赫曼夫人匆匆忙忙地走了进来。

"波林，我觉得孩子应该休息了吧？"赫曼一脸无奈地问道。

爱因斯坦充满求知欲望的小脸马上暗淡了下来。他又抬起头着急地说道："妈妈一直都允许我晚点睡觉的，并允许我听她和客人弹钢琴曲子。"

母亲知道爱因斯坦最喜欢音乐了，也清楚他此刻失望的心情。不过，她发现他的眼睛里开始闪烁着委屈的光泽，两个小脸蛋通红通红的。她不禁弯下腰去抚摸他的小脸蛋，摇摇头说道："不能这样子，爱因斯坦，你必须马上躺到床上去睡觉。我担心你刚才在花园里玩的时候沾上了露水，会感冒的。赶紧去楼上换衣服吧，只要你把房门开着，楼下的音乐声就会传到你的耳朵里。"

她吻了吻他的额头，然后看他低着头向着楼梯走去。可没过几分钟，他又回来了。

"我想，"他一脸认真地说道，"假如爸爸会把他的罗盘给我，让我拿着它睡觉，我一定会睡得很香甜的。"

"爱因斯坦！"赫曼先生用严厉的口吻对着儿子喊道。小家伙看见父亲凶巴巴的样子，只好又转身向着楼梯走去。赫曼先生的脾气一向都很好，小爱因斯坦知道父亲这时候已经生气了。

几位前来参加音乐会的工程师都来了，赫曼夫人领着客人们走进放着钢琴的房间。没多久,她便沉浸在了那美妙的贝多芬乐曲中,这使得她忘记了去楼上看看小家伙爱因斯坦是不是已经酣然入梦。一首美妙的乐曲结束之后,她为客人们端出甜饼,冲好咖啡,就在大家都准备开始享用的时候,她突然想起自己还没有去看过儿子,于是她让丈夫上楼去看看儿子睡着了没有。

赫曼先生轻手轻脚地走到儿子的卧室门口——从卧室的窗子向下看去,花园和草地都看得非常清楚。赫曼先生的脚下突然一绊,原来是踩到了一双小鞋子上。他不觉皱起了眉头,轻声地说道:"这个小家伙实在是太邋遢了!妈妈都已经教会小玛珈把她的衣服、鞋子整理得整整齐齐的,为什么爱因斯坦还是这么邋遢呢?"

他打开了桌子上的台灯,然后俯下身子去看儿子。此时,爱因斯坦正睁着一双大眼睛看着天花板。

"你这个调皮鬼,为什么还没有睡着?"赫曼先生问道。

"对不起,爸爸,我实在睡不着。"

"你现在身体不舒服吗?把你的舌头吐出来,我瞧瞧!"

"爸爸,我没有生病,我就是因为想一件事情而睡不着。"

"什么事情?"

"我在想那只罗盘。爸爸,磁针到底是什么东西?"

"爸爸不是告诉你了吗,杰克叔叔回答这个问题比我要回答得更好。现在你要听话,做一个好孩子,赶紧睡觉吧!"

就在赫曼先生转身要走之际,爱因斯坦突然伸出手抓住了他的手臂,说:"爸爸,我并不是故意不想睡觉,我听您的话,很快就会进入梦乡。可是,可是,你要是能把那个罗盘拿给我的话,我相信我会更早一些睡着的。"

赫曼睡觉前,赫曼夫人在梳头发,赫曼把他刚刚和爱因斯坦的谈话告诉了她。

"世界上应该没有人会想到,一个五岁的孩子竟然对磁学这么感兴趣!"她一脸惊讶地说,"我怎么都不会想到……"

"就是因为这样,才令我感到头疼。他心里究竟在想些什么,永远没有人知道答案!"爱因斯坦的父亲用抱怨的口吻说道,"那个小饰品在我的怀表上挂了两年多了。我从来没有想到过,他会为了这件小东西而不愿意睡觉。"

"我很为他担心,担心他走进学校后会遇到一些麻烦。"波林说道,"他有点羞怯,你在和他谈论一件事情的时候,他的心里却想着其他的事情。"

"我必须将他送进德国最好的学校,他的老师不会允许他整天胡思乱想。我们从乌姆搬到慕尼黑,不就是因为这个原因吗?他在这里能够受到良好的教育,我希望他能够珍惜这一切。我将来去了天堂,可能不会给他留下一大笔丰厚的遗产,可我一定要让他受到良好的教育。现在的犹太人一定要受过良好的教育才能生活下去。"

"我们的小调皮将来一定会过着美好的生活，"赫曼夫人信心十足地向他的丈夫保证，"你注意到了没有，每次他听我弹奏钢琴的时候，他的脸上会绽放出多大的快乐？有时候还想着自己来弹奏一曲呢。等他过了六岁，我一定要教他学习音乐。我觉得，让他先学着拉小提琴比较好，也许将来他会成为一位伟大的音乐家。"

"他比较懒惰，恐怕不会成为一个勤奋的小提琴学习者。"赫曼先生说完，随手关上了电灯。

"还有，他总是在不停地追问关于罗盘的问题！这岂不说明他很喜欢学习新知识吗？也许……"赫曼夫人终于鼓起勇气说出了当时每一位德国母亲的愿望，"也许，他长大后会成为一位享誉全世界的大教授。"

被赞誉为"数学神童"

外出谈生意的杰克叔叔要在几个月后才能回来，所以爱因斯坦只能耐心地等待着他的归来。

几个月后，杰克叔叔终于回来了。在杰克叔叔到他们家参加晚餐聚会的时候，爱因斯坦便马上去找他询问"罗盘的秘密"。

"我们还是到花园里去谈吧，那里既安静又清凉。"杰克叔叔建议道，"好吧，爱因斯坦，我们先从磁极开始谈起吧。磁极能够对罗盘里的那只黑色的磁针产生吸引力，你还记得你过生日

的时候我送你的那块磁铁吧,凡是铁制的东西都能够和磁铁产生吸引力。"

"为什么磁铁对铁制的东西能产生吸引力呢?"

"这个嘛,就跟地心引力有点像。"杰克叔叔解释说。他俯下身子捡起一只红色的皮球,那是玛珈玩的时候留在这里的。"我只要一松手,这只皮球就会掉在地上。地心引力会把皮球往地面上吸引,就像磁铁吸铁一样,道理都是一样的。"

"地心引力?"这又是一个激发起爱因斯坦强烈好奇心的新词语。"杰克叔叔,你能告诉我地心引力在什么地方吗?"

"地心引力存在于地球上的每一个空间里。"

爱因斯坦不由得皱起了眉头,他看着杰克叔叔,慢吞吞地说道,"前些天我问我爸爸,什么是空间,他说是空的,根本不存在的。"

这时候,杰克叔叔才发现,他根本就应付不了爱因斯坦,因为他的提问简直就像一条没有尽头的路。

"你应该去问问你的老师了,你要知道,你现在可是个学生了。"杰克叔叔建议道。

爱因斯坦紧锁着眉头,把他的皮鞋跟一块小石头来来回回地摩擦着。"我不喜欢去上学。"他的声音非常小,好像害怕坐在走廊上的父亲听到他的话一样。

"上学就跟成为一名士兵一样。"他用低沉的声音告诉杰克

名人励志传记丛书

叔叔,"在我过生日那天,妈妈特意带着玛珈和我去路威格斯堡观看阅兵典礼。我在那里看到了很多骑着马的军官和很多的旗帜,一大群士兵跟在军官和旗帜的后面,他们走路的样子,跟我的音乐盒里那些上好发条后的小兵一样,我看到他们那个样子后心里非常难过。"他因为羞怯而两颊通红。他接着说道:"我为那些士兵难过得哭了起来,随后就遭到了玛珈和爱莎表妹的嘲笑。"

"哦,那你为什么要为他们难过地哭呢?"杰克叔叔一脸不解地问道。

"我觉得当兵一定很可怕,那么多的军官对着他们不停地大吼大叫,而且还要离开自己的亲人和家乡,住在军营里不能回家。"

"士兵们住营房和你不去上学又有什么关系啊!你知道吗?世界上最好的学校就是我们德国的学校。我之前在报纸上看到过,美国的大教育家大卫博士还专门到我们德国学习呢,希望能够在美国的俄亥俄州办学校!你要知道,美国的医生一定要在我们德国的大学深造后,才能够拥有成为一名医生的资格。"杰克叔叔一脸骄傲地说道。

爱因斯坦有点踌躇,他感到即使是面对和蔼可亲的杰克叔叔,也很难解决自己心中的疑问。"学校就像是军营,"他慢慢地说道,"那些老师就像是指挥士兵做这个做那个的军官。而我们学生呢,一旦成绩不好,就会受到老师的责骂甚至鞭打;如果不甚了解书上的意思贸然提出问题,往往会令老师生气而受到责怪,我恰恰

是那个最喜欢提问的孩子。"

杰克叔叔自己也曾经历过德国学校那纪律极严的生活,所以他内心深处非常同情自己面前的这个小家伙。不过,他却认为千万不能激发起他的叛逆思维。

于是,杰克叔叔建议道:"如果你以后还有问题要来问我,我可能给不了你满意的答案。可是我一定会竭尽全力的,我刚刚看到你父亲在向我招手,我觉得我们该回工厂去忙了。"

爱因斯坦走到花园小路的尽头,他非常喜欢来这里。这里的树丛和蔓藤下面有一个缺口,如同洞穴一般,他爬了进去。他非常高兴,这会儿玛珈和爱莎表妹正忙着玩她们的洋娃娃呢,根本就顾不上来打扰他。他要找个僻静的地方,好好想想刚才杰克叔叔说的话,思考一下空中怎么还会有磁性和地心引力。

他非常高兴,杰克叔叔一点儿都没有问他在学校的情况。他其实很想交几个朋友,可是在上课的时候,由于他说话比较慢,再加上比较容易害羞,班上的男生都认为他是一个傻子。在运动场上,他总是比别人显得笨拙。所以,从来没有人邀请"诚实的约翰"一起玩游戏。

"为什么同学们会替你起这么一个古怪的绰号?"母亲曾经这么问过他。

"我想,他们应该是为了取笑我。"爱因斯坦回答道,"自从我为了免遭老师的处罚而撒谎的事迹败露了之后,他们就开始叫我'诚实的约翰'。"

当时的德国学校除了开设阅读课和数学课之外，还开设了宗教课。慕尼黑的大部分居民都是忠实的天主教徒，因此爱因斯坦学习了很多有关天主教的知识。学校里，老师所教授的东西和他的犹太人牧师所教授的东西相差不大。

每天放学之后，爱因斯坦最大的乐趣就是一个人沿着伊萨河散步，每一次都会走很长的一段路。散步时，他会经常停下来，一边休息一边想着教会里的事情。有些时候，他甚至会溜进路旁边的那座大教堂，一个人坐在教堂的最后几排注视着教堂墙壁上的那些圣徒和先知的画像。神台前的烛火在微风中一晃一晃，使他深深地陶醉其中，神台前面的几个修女和妇人跪在那里安静地祈祷。

在这幽静的氛围里，他开始思考那些一直困惑着他的问题。上帝会不会像爱基督徒那样爱犹太人？宗教课的老师不总是说"神就是我们的父亲"吗？既然大家都是上帝的儿子，都是一家人，那为什么基督教又要把他们的教堂和犹太人的教堂区别开来呢？他想去问问杰克叔叔，可他又觉得杰克叔叔在这个问题上是不能给他满意的答案的。他也不想和父亲讨论，因为父亲并不是一个热衷于宗教的人。对于他来说，脑海中的困惑一天一天地在增加，这个问题只不过是很多令他感到困惑的问题当中的一个而已。

正因如此，之后的几年里，爱因斯坦一直在孤独和困惑中度过。他对学校越来越感到恐惧，唯一能够让他感到放松的事情就是放假去湖边或山间行走。他经常带着妹妹玛珈和表妹爱莎一起去湖边或山间，玛珈和爱莎喜欢采集野花，最后扎成一束束的带回家。爱因斯坦却说，花儿只有生长在阳光下才最美丽，这句话引得两个女孩子哈哈大笑。

如果他被带去听音乐会，或是被允许晚点睡觉来听母亲弹奏钢琴的时候，他也会非常地高兴。

"你现在根本不够拥有享受这些东西的资格，小调皮！"母亲总是这样责备他，"老师总是跟我说你从来都不喜欢用正确的方法去练琴。"

"那样子学习音乐是错误的。"爱因斯坦坚持自己的想法，"我觉得那个音乐老师很讨厌我，好像不想再教我了。他并不是很热爱音乐，总是强调音节，说我需要多多练习。他和学校里的那些老师没有任何区别，总是说我必须像那些方队中的士兵一样，训练、训练、再训练。"

他的母亲听完儿子的这番话后摇了摇头，她对他的这种叛逆思想感到惊讶。可她又不得不承认，以爱因斯坦的年龄来说，他的音乐造诣已经可以用"杰出"来形容了。当莫扎特的乐曲传进爱因斯坦的耳朵里的时候，他马上会为那轻柔、优美、醉人的旋律而陶醉。他下定决心也要演奏好这种美妙的乐曲，因为他觉得只有这样的乐曲才值得去演奏。爱因斯坦的音乐天赋似乎比一般人要高出很多，当他听懂了莫扎特的音乐后，他脸上的笑容比之前多多了。他的音乐天赋更多的是表现在小提琴演奏上，尽管他的音乐老师的水平很一般，可是他在十四岁那年就已经成为一名出色的小提琴手了，有时一些比他年纪大很多的小提琴手都会邀请他一起去参加演出。

十六岁那年，爱因斯坦准备进入路特伯高等学校就读了。这所学校最低的年级相当于我们现在的初中，学校开设的课程包括高中以及大学前两个学年所要学习的课程，大部分时间都是在教授拉丁文和希腊文。不过，爱因斯坦很讨厌学这两种语言，但是后来他却从希腊古典文学中获得了很多的灵感。

在十六岁这个还没有长大的年纪，爱因斯坦觉得希腊文和拉丁文十分枯燥，很难搞懂。而对于他这样一个不喜欢被"训练"的学生来说，学习这两种语言激发不起他的学习热情，只会让他感到越来越讨厌。所以，在学校里的大部分时间，他都没有用来认真听课，而是去思考那些让他一直感到困惑的问题。曾经有人这样说过："能够找出事情的'原因'和'经过'的人就是科学家。"从这个意义上来说，那个时候的爱因斯坦也应该算是一名"科学家"了。

和之前那些让他感到厌烦的老师们一样，路特伯高等学校里的老师也没有好到哪里去，而且他们更加严格。所以，进入路特伯高等学校后，爱因斯坦比之前更加不快乐。路特伯高等学校实施军事化管理，那些老师看上去就像是带兵的军官而不是让学生们感到亲切的老师。他们对学生们提出的问题总是表现出一副很厌烦的样子，尤其是像爱因斯坦这种很喜欢提各种问题的学生就成了他们最不喜欢的学生。爱因斯坦是一个不喜欢机械式记忆的学生，他总是想搞清楚那些"为什么"，有时候提出的问题很令人费解。

在以后的日子里，爱因斯坦只记住了一位老师，那位老师叫路易斯，他给爱因斯坦教授了歌德、莎士比亚、席勒等世界大文豪的作品。对于爱因斯坦来说，文学是与音乐一样美好的，他非常喜欢莎士比亚的作品，尽管许多德国人坚持说莎士比亚的作品灵感大多都源自席勒。他永远都不会忘记，他第一次听到歌德的长篇诗歌《赫尔曼与多罗泰》时，那种澎湃的心情——这首诗所叙述的故事和美国人朗费罗的《伊凡吉琳》很相似。为此，爱因斯坦经常因为看这些"闲书"而没有完成作业，放学后会被老师留下，和其他没有完成作业的学生一起补写作业。留下来补写作业是件很痛苦的事情，但是如果负责督导学生补写作业的老师是路易斯的话，就另当别论了。

这段日子里，爱因斯坦还结识了一个朋友——这个朋友把他带进了一个十分奇妙的世界。

父亲遵照犹太人的古老风俗习惯，每个礼拜都会邀请一些穷人家的学生来家中参加一次聚餐。如果有哪位学生非常幸运，接受了好几次这种定期的邀请的话，那么他以后上学时就不必再为吃不饱肚子而发愁了。

每个礼拜四到爱因斯坦家中来聚餐的人中，有一个名叫马克·达尔梅的俄国籍犹太大学生，他在慕尼黑大学医学院学习。达尔梅很喜欢爱因斯坦，总是试图开导这个羞怯的小男孩，因为他的父母很为他担心，他的学习成绩实在是太差了。

"原来你跟我一样也讨厌语文。"有天晚上达尔梅对爱因斯坦说道，"大家都知道，学习拉丁文是非常郁闷的一件事情，可是我却必须要学会，因为很多的医学书籍是用拉丁文记载的。也许，你对科学有着很大的兴趣。"

"我非常讨厌那些老师的教课方式，一点儿兴趣都没有！"爱因斯坦一脸不高兴地说道。

"你有没有读过艾萨写的那些讲述自然科学的书？"达尔梅问道，"没有？好吧，下次我来的时候带给你瞧瞧。"

下个礼拜四的晚上，当那个医学院的学生一心一意地享用着美味的食物之时，爱因斯坦却没有动面前的食物一口，尽管他也很喜欢这些美味的食物。现在他只对那些放在餐盘旁边的小册子感兴趣，这些小册子上讲了很多的自然科学知识，比如说：植物和动物，陨石和星星，气象和地震等。爱因斯坦简直太喜欢这些书了，这位作者讲述的这些自然知识一点儿都不枯燥，实在是太吸引人了。

"亲爱的爱因斯坦,你应该知道,在餐桌上看书是一件很不礼貌的事。"母亲提醒他之后,又转过头微笑着对丈夫说:"你看他现在多兴奋,就像几年前你把你的那个小罗盘给他看一样。"

"我现在还记得他缠着我,让我给他讲述罗盘原理的事情呢,"坐在一边的杰克叔叔笑着说道,"但是,我应该是一个非常不称职的科学老师。"

"不,不是,你比我们学校里的那些老师讲得好多了,"爱因斯坦一脸感激地说道,"当我开始学习代数的时候,"他又转过头对着达尔梅说,"我当时根本就学不懂,可是杰克叔叔仅用了一分钟就把我要掌握的知识都讲清楚了。我现在还记得,当时杰克叔叔说:'不想是读书,就想是在打猎。我们把 x 当作一只猎物,然后我们努力寻找,直到把它抓获为止。'结果杰克叔叔这么一说,所有的问题都变得简单了。"

"开始学习几何的时候,它可以证明所有的定理。"爱因斯坦慢慢地说道,"我非常喜欢去证明各种事情。"

"你真是一位小数学家啊!"杰克叔叔夸赞道。

"我之前就说过,只要这个小家伙感兴趣的事情,他就能够做得很棒。"赫曼夫人为能有这样一个夸赞儿子的好机会而高兴不已,她接着说道:"我之前说过,他以后一定会努力学习的,有一天可能会成为一名教授。"

"哎,可他在将来失败怎么办!"赫曼先生说道。

赫曼先生的这句话道出了他心头的苦楚。现在，他的电器化工厂正处于困难境地之中。玛珈还是个小女孩，可是赫曼先生却已经为她将来的嫁妆而担忧起来，到哪里去给她赚够一笔嫁妆钱呢？还有爱因斯坦这个对数学很有天分的孩子，将来他大学毕业后，教授是不会给他安排好的工作的，因为像他这样的孩子可能还是钻研数学比较好。但是，等到这孩子到了需要自立的年纪之时，他能干什么呢？

爱因斯坦并不知道父亲此时所面临的困难，他在很短的时间里就读完了二十多本伯恩斯的著作。他知道这些书的内容不能和学校的老师讨论。不过，他还有两个非常不错的听众，就是杰克叔叔和达尔梅。

"当然，我能够在生物和化学方面给你一些指导，"达尔梅说道，"可是，我希望我在数学方面能像你一样。当你能解出那些连我都不懂的数学题之时，我觉得自己真是笨到家了。要知道，我可比你大了十岁，还是慕尼黑大学的学生。"

这个才十几岁的"数学天才"高兴得羞红了脸，这是多么令人激动的赞美啊！要知道，在学校里他从来没有得到过别人的赞扬。他不知道自己的数学老师在发现他这个不起眼的学生，已经懂得了他尚未教过的数学知识时，将会怎样说。

"真是太简单了，"爱因斯坦说，"微积分和几何是那么的美妙，和舒伯特的小夜曲一样美妙。"

一年多后，爱因斯坦的父亲关掉了在慕尼黑的工厂，他们一家在慕尼黑的安稳生活也就此结束。爱因斯坦的父亲决定全家都搬到意大利的米兰去生活，因为那里的朋友可能会帮助他重新把工厂办起来。可是，爱因斯坦却无法跟着家人一起去米兰，因为他只有取得高等学校的文凭才能顺利进入大学读书。爱因斯坦是一个很讨厌商业的孩子，他不喜欢为了赚钱而整日奔波，母亲和父亲都觉得他将来在学术方面会取得不小的成就。

家人搬离慕尼黑不久，爱因斯坦就开始感到孤独了。每当想起家庭的温暖，躺在宿舍床上的他就开始怀念曾经对自己进行无微不至照顾的母亲。他越来越喜欢学习数学，可是这并不能减少他心头的孤独感。他在学校的生活变得越来越困难，因为老师和同学都很讨厌他——他们嫉妒他的数学天赋，对他提前掌握很多的数学知识而感到不满。虽然他从来不在数学课上出风头，可是他却无法掩饰自己对于数学课的不满情绪。他对于学校的教学方法一直有很大的怨言，根本就不喜欢学校的任何一样东西。老师和同学们自然能够感受到他的态度，因此都对他抱有很深的敌意。

爱因斯坦在这里过得一点儿都不快乐，他渴望能去米兰生活，看看母亲经常向他提起的那些景物：那洒在米兰上空的金色阳光，那踩上去软绵绵的沙滩……所以，爱因斯坦很想回到父母身边去生活，他在写给父母的一封信中伤感地说道："就算我拿不到毕业文凭，我也要回到你们的身边去。"

六个月后，爱因斯坦从慕尼黑来到了米兰。他明白，自己在数学方面的造诣已经远远超出了高等学校的毕业生。他告诉父亲："凭着我的数学水平，我应该是不用文凭就能够进入大学读书的吧。"在爱因斯坦离开慕尼黑时，高等学校的一位老师给他开了一份证明，证明他的数学水平足以让他进入大学，学习更高深的数学知识。慕尼黑的一位医生对他说，"你的精神实在是太疲惫了，你真的需要去别的地方玩上几个月了，这将对你的健康带来很大的帮助。"

事实上，爱因斯坦真的是这样离开慕尼黑的吗？不是的，他其实是被开除的。在被开除时，他质问那位开除他的老师，"我为什么被开除了呢？请你把我的罪名告诉我，也许我可以替自己做一番辩护。"那位老师回答说："你并没有做出什么不妥的事情，只是老师们都担心你在课堂上会让其他学生也跟你一样对老师不敬。"就这样，爱因斯坦离开了慕尼黑，结束了他在高等学校求学的历程。

来到意大利之后，爱因斯坦的生活过得非常的惬意。他很喜欢当地人，他们看上去是那么的单纯和快乐，与严厉死板的德国人相比，意大利人真是太自由了。爱因斯坦从亚平宁山脉长途跋涉到热那亚，一路上他游历了很多的文化名地，并对意大利教堂的绘画和雕刻艺术做了一次深入的研究。在这趟旅程中，他对身边响起的各种音乐都很喜欢，无论是城市里的歌剧音乐会表演，甚至是山区小旅馆里农民唱的乡间小调。

虽然赫曼先生之前的事业还算过得去，可是他来到米兰后所开的电器化工厂及随后在帕维亚所开的企业，最后都关闭了。

"爱因斯坦，我再也不能像之前那样给你提供金钱上的保障了。"父亲一脸无奈地对他说道，"现在你必须要去找个工作了，你要是能取得高等学校的毕业证书，你就可以进入大学去学习。"

爱因斯坦心里很清楚，自己再也不可能回到高等学校去了，而且他也不想回德国去了，虽然他可以凭借自己的数学水平进入一所德国大学读书，可是他并没有这个打算。他下定决心要摆脱生活对于自己的束缚，虽然父亲还是德国的公民，可是他却不想再做一个德国人了。

"爸爸，我不想去大学读书，在你看来我只是到处旅游和听音乐的时候，我的真实计划却是将来选一份什么样的工作来让我老老实实地干一辈子。我希望自己有研究理论物理学的机会，虽然迄今为止我从来没有遇见过任何一个理论物理学家，但是成为一名杰出的理论物理学家却是我最大的理想。因为我想要找出事物变化的真相。在我学习几何的时候，我就明白了，数学不仅仅是讲述冰冷的数字和方程式，它也是一种语言，人们通过数学可以探知人与大自然之间的奥秘。现在，我就希望自己将来也能发现事物的真相，成为像牛顿以及其他伟大科学家一样的人。"

"那么，你最好进入一所非常棒的技术学院。这样才可能实现你的理想。"

"是的，我现在对于那些大学里所教授的哲学、戏剧和语言没有一点儿的兴趣。不过，技术学校专门教授哪些科学知识呢？"

赫曼先生听完儿子的话后，满意地点点头，回答说："理论和应用科学，比如说工程。"

"现在，我最希望自己能够有研读理论物理的机会，而在这方面最棒的学校无疑是苏黎世联邦工学院。我可能并不需要高等学校的毕业证书，就能够去那里读书。"说到这里，他又变得犹豫起来，因为他知道父亲现在正处于事业低谷期，"假如，假如您能够资助我旅行的费用，那么我将前往瑞士去参加这所学校的入学考试。"

"我一定会让你前往瑞士的。"赫曼先生对儿子的话十分赞同，"至于生活等花销，你不用担心，父亲都会为你准备好的。你一定要努力，父亲相信你一定会取得成功。"

第二章
"相对论"震惊了全世界

成功踏进苏黎世联邦工学院

"在这片山区里,居住着自由。"

这应该是瑞士获得过的最高褒奖——诗人席勒曾在他的一首诗里这样描述瑞士。爱因斯坦来到这个以自由而闻名世界的国度之后,最先感受到的就是生活中的那股自由的气氛。

出人意料的是,刚刚抵达瑞士之后,爱因斯坦却对这里感到很失望。德国高等学校的老师所写的那封证明信在这里根本没有用,苏黎世联邦工学院并不认可这封信,学校告诉爱因斯坦:要想进入学校，就必须通过考试才行。

连续六个月，爱因斯坦都在疯狂地复习他之前学过的一些课程。由于他从来没有在演说比赛中崭露过头角或者在背诵方面展现出特别高的天赋，因此，他的老师们都觉得他是一个很笨的人。当年，意大利最伟大的作曲家威尔第曾被米兰音乐学校拒绝，理由是"看不到他对音乐有太多的兴趣"。

诺贝尔奖得主麦克森当年在安纳波利斯的海军学校就读，一位教官训斥他，"你要对这些科学事项少一点关注，好好学学海军炮兵知识，未来的某一天你可能会为祖国做出巨大的贡献。"闻名全球的大科学家达尔文在爱丁堡大学读书时也遭遇了被开除的厄运，老师们都一致认为他是一个无可救药的失败者。

之前，那些教过爱因斯坦的老师都觉得他是一个反应迟钝的学生，这令爱因斯坦非常地生气，因此对于那些自己不感兴趣的学科就不怎么用功学习。因而，在这次入学考试的时候，爱因斯坦的数学和物理都取得了非常好的成绩，可是在植物学、动物学等其他学科的考试中却表现得非常差。幸运的是，苏黎世联邦工学院的院长注意到了他，因为爱因斯坦的数学成绩实在是太优秀了，他建议爱因斯坦好好去研习那些考砸了的科目，并把瑞士的几所预备学校介绍给了他。

虽然爱因斯坦又一次面临着过上像德国高等学校那般不自由的痛苦生活，可是他却无法拒绝，他只能前往亚劳镇的一个学校去注册，如果不注册他可能就会失去在瑞士读书的机会。不过，爱因斯坦来到那所学校后却发现，这里的一切跟他想象的完全不一样，它不像德国的学校那样看上去就好似一座军营，老师们都在竭尽全力帮助学生们养成独立思考的好习惯。

任何一个学生只要向老师提出指导请求，或者是学生们在实验课上遇到了问题，老师们都会主动过来给予帮助。另外，这所学校还有一个小型博物馆，里面有各种动植物标本和显微镜，因此这里上的每一堂生物课都很有意思。爱因斯坦在这所学校读了一年，拿到了毕业证书，最后凭借着这张证书进入了苏黎世联邦工学院。

在苏黎世联邦工学院，爱因斯坦再次感受到了瑞士学校所特有的自由和友好的氛围，这使得远在异国他乡的他不再那么孤独。他在众多的同学中结识了几位好朋友，有来自俄国的，有来自罗马尼亚的。他们告诉爱因斯坦，他们国家的人民正过着非常悲惨的生活，大饥荒下很多人都饿死了，疯狂肆虐的传染病令很多人在痛苦地呻吟声中悄悄死去，普遍缺乏教育的底层民众根本不去反抗残暴的政府，因此只能生活在水深火热之中。

爱因斯坦听着同学们的控诉声，心里逐渐产生了这样一个念头：我不仅仅是一个德国公民，我更是一个世界公民，总有一天我要为全世界人们的自由和幸福贡献出自己的一分力量。

与爱因斯坦一起读书的这些外国学生，很多人都希望毕业后能报效祖国，回国去教导他们那些生活在水深火热中的同胞。因此，这些学生都非常地努力，他们不仅仅为了一张毕业证书奋斗，而是更渴望掌握足够多的知识。学院的老师看着这群努力的学生，怎么不会感到激动呢？一位教授几何学的教授——海姆博士，他讲课的方式十分独特，不但内容精彩，还很吸引人，因此他上课的时候教室里总是挤满了学生，就连楼道里都站着很多人。

而海姆博士为了教导更多的学生，每天早上七点钟就来到教室上课。爱因斯坦看着深受学生爱戴的海姆博士，有时候也忍不住会想，假如有一天我也能够成为像海姆博士一样有名气的教授，我的讲课方式会不会也能够吸引很多的学生一大早就来听课呢？

物理学研究的主要内容是能量和量度。就像赫曼先生所说的那样，他现在对于数学已经没有多大兴趣了，因为数学本身只不过是他在度量时候的一项工具。

英国大科学家牛顿解释过许多的问题，但是当他那忙碌而又丰富的一生临近终点之际，他说："我就像那个在海边的沙滩上贪玩的孩子，我直到现在才发现我的那些发现不过是沙滩上的小石头或者小贝壳，而真理就像广阔无垠的大海一般展现在我的眼前，可我却没有时间去探索了。"爱因斯坦也希望自己能够走向广阔无垠的科学海洋。大科学家牛顿留下了需要年轻一代科学家们去探索的遗愿。爱因斯坦明白，人们的知识都是有限的，如果一个人想要弄清楚整个宇宙是怎么运转的，那么他所要学习的东西就实在是太多太多了。

现在，爱因斯坦不仅要学好指定的功课，还要抽出时间去泡图书馆，大量的物理学书籍等待着他去阅读。一开始，他都是一个人钻研，后来他开始在晚上和一名匈牙利籍的女同学米列娃一起钻研。米列娃比爱因斯坦大几岁，身材娇小，表情严肃，动作麻利。与很多女同学比起来，米列娃的思维相当活跃。另外，她的生活非常简朴，衣着很简单，好像除了学习，没有什么能激发她的兴趣。当时正值"新女性时代"来临时的前夜，女大学生们都觉得自己必须证明女人并不比男人差。

米列娃平日里几乎不怎么说话，但是她在聆听爱因斯坦的一些新想法或者听他朗诵一些伟大物理学作品的时候，她都会谈谈自己的想法，比如说她不想把自己的一生葬送在"厨房、教堂和孩子"上面。米列娃觉得自己的头脑比起那些聪明的男人来一点儿都不差，而且她的野心也很大，她相信自己总有一天会成为科学界的大人物。爱因斯坦很支持米列娃的想法，他非常钦佩她的智慧，并夸赞她是一个非常难得的聆听者。

只要手头不是特别地拮据，爱因斯坦就会去听音乐会。可惜，这种机会并不是特别多，因为他父亲的生意依旧不是很顺利，大多数时候父亲都在为给他筹集一笔数额不大的生活费而发愁。幸运的是，一位富有的亲戚在听说了爱因斯坦的事情后，愿意每个月资助他一百瑞士法郎，即二十多美元。

按道理来说，这笔钱已经够他每个月的生活费了，可是爱因斯坦还是要把这笔钱存下来，因为他想存够一笔能够支付他成为瑞士公民的费用。他深深地热爱着这个国家以及这个国家的人民，他希望从工学院毕业后立马去注册登记，成为一名瑞士公民。

如果他想在繁重的课业之余放松一下，那么拉小提琴就成了他最好的选择，因为这不需要花钱。大多数时候，爱因斯坦喜欢拉莫扎特的乐曲，偶尔也会演奏巴赫的乐曲。这时候，他对莫扎特的喜爱已经远远高于对贝多芬的喜爱了。

"莫扎特真是太完美了，"他经常对身边的人说，"那些不懂得欣赏的人根本不知道莫扎特的境界有多么高。"有些时候，爱因斯坦也会自己谱写一些乐曲，用来表达他的心境和思想。当他回到意大利度假的时候，母亲总是责怪他没有把之前谱写好的乐曲保留下来。听到母亲的抱怨，爱因斯坦只是一个劲儿地傻笑，笑完之后他会走到那架他从小就很熟悉的钢琴面前，愉快地为母亲弹奏上一曲。可是，那些即兴创作的优美小曲子在弹过一次之后，便再也不可能被演奏了。

与"老同学"步入婚姻的殿堂

1900年的秋天是那么的美妙，在苏黎世联邦工学院刻苦学习的爱因斯坦终于迎来了一个丰硕的收获季节——他拿到了那张梦寐以求的毕业证书。这位二十一岁的大学毕业生非常兴奋，因为他再也不需要那位富有的亲戚继续资助他了。在这位年轻的大学毕业生看来，之前的苦日子即将成为过去的一页，就算接下来自己还是要穿着破旧的衣衫，吃着简单的饭菜，也没有一点好悲伤的，毕竟他得到了一份自己非常满意的工作，做一名老师。

他希望自己成为一名出色的老师，而不是一名出色的"教官"。成为一名老师，他就再也不需要像父亲一样在竞争激烈的商场中拼搏；成为一名老师，他将会有大把的时间用来钻研他非常喜欢的物理学。他写信把这一切告诉了母亲，"她那位经常惹事儿的笨孩子爱因斯坦未来将会成为一名出色的教师，还有可能成为一名出色的教授。"他想，母亲在收到这封信的时候一定会非常地高兴。

憧憬总是美好的，可是前行的道路却是布满了荆棘与坎坷。最初，爱因斯坦希望成为苏黎世联邦工学院的一名教授助理，从而一步一步地成为一名教授。对此，他非常有信心，因为许多老师都夸赞过他的实验工作，有几位很欣赏他的教授甚至答应他一毕业就可以留在学院任教。可是令他没有想到的是，毕业之后却没有一个老师请他去做助教，可能是他太出色的缘故，很多人都嫉妒他的才华，希望他去从事最卑微的工作。

但爱因斯坦并没有因此而气馁。他相信，只要自己能够找到一份小学教师的工作，就能开始他的教学生涯。不过，因为他没有取得瑞士公民的身份，很多瑞士学校都不愿意聘请他——那些拒绝他的学校认为，他是一个犹太人，是个"异类"，尽管当时的瑞士被称为世界上最开放的国家。

生活虽然坎坷，但上帝并没有抛弃他。一年之后，爱因斯坦被温特瑟的一家工技学院聘请为老师，但是任期只有一个学期。这里的很多学生的年纪都比他大，所以在教学过程中很多学生并不是很尊重这位"毛头小子"。爱因斯坦意识到了学生们对他的不敬重，但是他并没有感到尴尬和不愉快，相反，他教得十分认真和有趣。所以，当他在温特瑟技工学院的任教期结束之后，大多数学生已经舍不得他离开了，就连最淘气的学生都很敬重他。

随后，他找到了一份私人教师的工作。在读大学的时候，他就兼职做过家庭教师，他所教的那两个小男孩最后都考出了很不错的成绩。当时，他和另外一位老师合住在一个小学教师宿舍里，那位老师发现，爱因斯坦对于教师工作非常感兴趣，他的教学方式也非常独特，能够得到绝大多数孩子的喜欢。

此时，爱因斯坦已经成了一名瑞士公民，他有了申请成为一名公务员的资格。他的一位大学同学将他介绍给了伯恩的一位专利局局长。爱因斯坦在这方面几乎一点儿经验都没有，但是在经过一番不懈的努力之后，他还是从漫长而又严格的考试中成功胜出，最终获得了专利局的一份工作。

这是爱因斯坦人生中第一份稳定而又高薪的工作。爱因斯坦觉得，现在自己可以向既是老同学又是他最爱的女人的米列娃求婚了，因为一年三千多法郎的薪水足以应付一个两口之家的日常开销了。

米列娃在上大学的时候虽然很同情爱因斯坦，可是她现在却觉得自己很难做爱因斯坦的妻子，因为她不但学错了行业而且总是因为梦想无法实现而满腹牢骚。更为重要的是，她现在已经不再是一名大学生了，她感觉自己对他所关注的问题已经不再那么感兴趣了。但是，她最终还是接受了爱因斯坦，成了他的妻子，她发现她其实还是很爱他的。

"我清楚你对专利局的工作很不感兴趣，"一天，她有点抱怨地说道，"可是你也不应该让自己的头脑休息下来，你还可以利用空闲时间去阅读一些科学书籍，或者是写点什么，你仍然在学习和成长。我呢？整天都在忙着洗衣服做饭，每天晚上到了临睡前都已经疲惫不堪了，有时候连打开一本科学杂志的力气都没有，你说我以前接受的教育对于我来说又有什么用呢？"

不久之后，两个儿子出生了，分别叫作汉斯和爱德华，这使得理想远大的米列娃更为痛苦，她已经不能算作丈夫的智慧伴侣了，于是两个人逐渐开始疏远。虽然这个年轻的妇人仍然深爱着两个孩子，但是一想到她因为他而逐渐没有了理想，心里就会觉得无比地酸楚。爱因斯坦一直都认为自己是一个相当独立的男人，可事实上他却是一个很需要别人照顾的人。但是，米列娃已经没有心情或者说不愿意再去照顾他了。

爱因斯坦应该是一位非常尽职的好爸爸，他每天推着婴儿车走到大街上沐浴着温暖的阳光时，心里就开始盘算着这两个孩子长大后该去读什么样的大学。每天晚上，他都会帮两个儿子把彩色的积木搭建成桥梁或者城堡。汉斯上学后，作为父亲的爱因斯坦总是喜欢出一些问题考考他，以锻炼他的思维。爱因斯坦总是在心里想，他为了这两个聪明的孩子一定要努力工作，将来他们长大后可不能像他这样平庸。

两个儿子中，到底谁会继承自己的音乐天赋呢？爱因斯坦琢磨这个问题的时候，就会想起幼年的自己，那时候自己总是不睡觉偷偷躲在楼梯口听妈妈弹奏贝多芬的乐曲。可是现在呢？每当自己在夜晚拉起小提琴或者朋友们在家里演奏音乐的时候，孩子们还是能够安然入眠。

"孩子们必须去学习钢琴。"他告诉妻子，"过不了多久，我们就可以在家里举办一个小型音乐会了。"

经常来爱因斯坦家里的客人是几位研究生，他们总是一边吃着米列娃准备的糕点，一边和爱因斯坦讨论着科学问题，很多时候讨论得非常激烈。有一天晚上，已经是凌晨时分了，突然爱因斯坦家的门被敲响了。打开门一看是隔壁的邻居，邻居直接指着他的鼻子大骂，说他根本就不是一位学者，却整天和一帮人在这里进行无聊的争论，真是太吵人了。邻居骂完后，又以讽刺的口吻问道："你可能都听不懂这些人在这里争吵些什么，你为什么不让他们各自回家呢？为什么不让我们好好睡觉呢？"

爱因斯坦把他在专利局的工作戏称为"鞋匠的工作"，日复一日，每天的工作都是相同的内容，他几乎没有发挥自己的特长。爱因斯坦的工作非常简单，就是帮助每一个想要获得某项产品专利的发明家实现他们的目的，因此他每天干的最多的就是把那项发明产品的完整说明填写清楚提交给专利局。事实上，专利局的工作对于爱因斯坦来说并不是一点儿用处都没有，他在专利局所学到的那些知识为他日后的发展提供了很大的帮助，尤其是当他在科学上有重大发现的时候。

他告诉自己，教书已经是他这一辈子无缘从事的工作了，他在当老师这条路上是一个不折不扣的失败者，就算他还能够进入大学的实验室当一名教授助手，可是他所赚的钱还够维持这个家庭的吃穿用度吗？他在专利局的工作至少可以满足这个家庭的经济需求，那么自己为什么不满足呢？为什么不放弃要当一个科学家的梦想呢？

每天工作中都要检查那么多的发明，这激发起爱因斯坦强烈的发明兴趣，因此他亲手制作了一些实验室使用的新仪器。比如，他发明了一种能够测量微电量的仪器。有时候，他会把桌子上的报告扔到一边，从抽屉里拿出一张他自己计算好数字的纸张。纸张上的数字与专利没有一丁点儿关系，他只是想证明那些经常在他脑海里萦绕的想法是不是正确。所以后来，不论是在工作中还是和孩子们一起行走在大街上，甚至是在家庭音乐会上，他都经常在思考一些新问题或者新想法。

在这段日子里，他有四篇论文发表在了一份名为《物理学年报》的科学杂志上，其中有一篇是他的博士毕业论文，他并没有放弃自己的理想，而是继续深造，完成了苏黎世大学的研究工作，成功地获得了物理学博士学位。就算这位只有二十六岁的专利局职员以后不再发表论文，这四篇论文也足以奠定他在物理学界的地位。

1905年的时候，他又写好第五篇论文，令他没有想到的是，这篇论文一发表，便让全世界的目光都聚焦在了瑞士的专利局。

相对论：一个全世界为之瞩目的理论

这位满头黑色卷发眼睛里放射出疲惫的目光的年轻人，站在了杂志编辑的面前。

"我又写好了一篇论文，准备交给你们发表。"他说。

"哦，爱因斯坦博士，我们收到了很多评论你前四篇论文的信，有些信中对于你的研究成果十分认可，但是有些信中就很不客气地提出了反对意见。博士，你今天又带来了什么论文呢？"编辑问道。

只见这位专利局的小职员从他那皱巴巴的外衣口袋里拿出了一包稿件。编辑接过后迅速地翻阅了这沓稿纸。

"哦，一共有三十页，这么多啊！"

"我保证，印出来的时候，可能会短一些。"爱因斯坦说道。

"可是，我现在所编排的这一期杂志，已经没有版面了啊！"

爱因斯坦瞅了一眼编辑后，脸一下子就红了，他嗫嚅道："如果能够挪出一点版面来的话，我希望能够把这一篇论文发表出来，"他停顿了一下又接着说道："我相信，读者们一定会为这片论文鼓掌的。"

"那我来瞧瞧！"那位编辑说完后便看了起来。首先映入他眼帘的是标题——《论运动物体的电动力学》。他看着这个题目摇了摇头。然后，他又向后翻看，"这儿所说的'相对论'又是怎么回事啊？"那位编辑还未等爱因斯坦回答，便又很投入地看了下去……

爱因斯坦的这篇论文发表之后，马上引起了全世界的关注。许许多多的科学家都开始讨论"相对论"，有人站出来为爱因斯坦大声叫好，也有人站出来用极其愚蠢的语言来攻击他。在很短的时间里，纽约的公立图书馆中就有五百多册研究和讨论"相对论"的书籍。当时，全世界范围内广泛流传着这样一句话：整个世界上能够读懂爱因斯坦相对论的人只有十几个人！可在今天，随便一个大学物理系的学生都知道"相对论"说的是什么。

爱因斯坦第一次前往美国发表演讲时，就这样解释他的"相对论"，他说："这是一个非常简单的理论。"当时，整个演说大厅里的听众都在为他的这句话爆笑不已，这令爱因斯坦非常吃惊。他根本没有想到自己的这句话竟然能够引发这么大的爆笑声。在他看来，他所解释的一切对于那些利用数学符号来解释这一理论的人而言非常简单。他没有想到的是，数学是有它自己的语言的，只有懂得数学语言的人才能看懂他的理论。

有趣的是，证明爱因斯坦"相对论"的却是一个失败的实验。1887年，爱因斯坦还在慕尼黑过着他悲惨的学生生活的时候，两个美国的教授麦克森和莫雷已经开始研究一个奇妙的问题，所有的科学家都知道地球围着太阳转动的速度，但是这两位科学家却试图探究地球在太空轨道中的运行速度。

一个移动的物体在遇到阻碍的时候，速度自然就会放慢。如果你要求一位游泳比赛者逆着水流向上游，而让另外一位游泳比赛者顺流而下，那么向上游的那位游泳比赛者一定会拒绝参加这项比赛。所以，当麦克森和莫雷用顺逆两个方向测量光速时，他们开始感到困惑了。

莫雷是化学家，麦克森是一位实验物理学家。他们两个人合作发明了很多精巧的仪器，以帮助他们探索宇宙运行的奥秘。

为了测试出绝对正确的光速，麦克森和莫雷设计出了一套十分精巧的仪器。这套仪器仿照逆流和顺流的原理，把两根管子安装在两种不同的状态下，如果其中的一根管子顺着地球自转的方向移动，那么另一个管子肯定会以相反的方向移动。在每根管子的尾端各放上一面镜子,然后在绝对相同的时间内把一道光束射进管子里。

两位科学家预测,其中的一道光束必然比另一道光束更早地反射回来,就如同逆流而上的游泳者会花费更多的时间一样。可是,当两位科学家将两个管子移动之后,却发现两道光束的速度几乎没有什么差别。

"难道我们实验的方式有什么地方不对吗?"

为什么两道光束到达镜子里的时间是一致的呢?难道说空气中不存在河流中的那种逆流状态吗?难道地球在移动的过程中"流向"并没有对光线形成阻碍?

两位科学家确定,早在很久以前伽利略就已经证明了地球在太空中确实是移动的。因此,他们又将这个实验重新做了很多遍,企图找出两种情况下光速之间的不同。但他们最终还是失败了,因为他们的实验无法反映出这两种状态下光速的差别。

麦克森和莫雷都非常沮丧,既然已经证明地球是移动着的,可为什么他们的实验却指出地球处于静止状态呢?他们的这个实验结果既令人感到困惑,又令人感到新颖。

事实上,当时受这个问题困扰的科学家不仅仅只有麦克森和莫雷两个,当时的一些大物理学家也对此感到困惑。令人意外的是,爱因斯坦用"相对论"解决了这一困惑——这两位美国科学家的实验并没有失败,他们在实验中测出的光速是准确的,因为光速是相同的，而且光速是唯一的定值，不论是在什么样的状态下测量，测量的最终结果都是一样的。

那么，为什么光速在空中移动的时候不会遭到阻碍呢？爱因斯坦的解释是，因为任何实验都不能测出宇宙中的绝对移动。大科学家牛顿早就说过：在遭遇外来的力量之前，任何一种物体都维持着原来的状态，而不是静止的，它们处于自己独特的移动之中。

爱因斯坦宣称，在地球以及整个宇宙的任何空间里，没有任何东西是绝对静止的。他指出，宇宙中的每一样东西都处于移动的状态，不论是原子还是星星，都在移动。他继续指出，因为宇宙中的任何物体都在移动，没有一个物体是静止的。因此，没有一个物体与它所对应的观察环境不是相对的。

"相对论"对于世界来说无疑是一个很神奇的学说。当大象和老鼠比较时，它是庞大的，可是把大象放在摩天大楼的旁边时又是渺小的，这是体积上的"相对"。当一个人按下电梯上的"上下键"时，他就会感到位置的"相对"了。

在这之前，科学家们普遍认为，"绝对的"这一说法是存在于物理学之中的，在任何一个环境下都不会改变。比如物理学家测量长度、重量和速度时所使用的量尺、体重计以及钟表，都给他们带来了"绝对的"正确答案。

爱因斯坦的"相对论"给物理界带来的冲击是巨大的，因为他为"绝对的"物理事实带来了"相对的"物理事实。他对人们所居住生活的这个世界提出了崭新的思维。他逐渐成为享誉全世界的大物理学家,因为他的一项又一项理论在其他科学家的实验室里得到了证实。

有关用来解释"相对论"的最熟悉的例子就是移动的物体。当一个人坐在一路飞驰的火车上之时,乘客和火车厢里的座椅无疑是静止的,可是经过的树木和电线杆却是不断"移动"的。一个站在铁轨旁边的小男孩,只要看到火车呼啸而过的时候,肯定会认为树木和电线杆是静止不动的。可是当列车在以 100 千米每小时的速度飞驰之时,地球却也在以每秒 29.7 千米的速度绕着太阳运转。与此同时,地球、太阳和整个太阳系都一起向着一颗遥远星球的方向迅速前进。

假如一个人拿着望远镜站在月亮上向地球看去,他就会看到地球和火车都在飞速地移动。假如还有另外一个观察者站在距离太阳系最近的某一个星球上,那么他通过望远镜则需要四年的时间才能够看到太阳、地球以及飞速行驶的火车一起在太空中移动——因为距离的缘故,光需要四年的时间才能从地球传递到眼睛里,太阳、地球和火车的运动,和观察者具体所处的位置是相对的。

可是,假如太空中的移动都是"相对的",那么时间的"相对性"呢?

在爱因斯坦提出"相对论"之前，牛顿和其他科学家都认为时间是"绝对的"，整个世界都在变化，可是时间却是不变的。他们都指出：空间是向四面八方延伸的，无止境的。

爱因斯坦最终打破了这些观念，向世人提供了有关时间和空间的新观念。

在爱因斯坦看来，每一个物体都有三个维度的空间，而且每个物体都处于移动和变化中。所以，这个世界上还存在三维空间外的另一维空间，即爱因斯坦认为时间就是第四维空间。

从旧金山前往纽约，一辆篷车需要花一年的时间才能够走到，而飞机的出现大大缩短了这段旅程，现在只要十二个小时就可以了。

在爱因斯坦的宇宙世界里，不论是时间还是空间，都永远不会以一种固定不变的状态或方式运动，它们随着观察者的位置和速度做相对性的改变。

比如说，我们根据地球本身自转的演进来进行计算，以地球围着太阳运行的行程来计算年数。由于木星围绕太阳一周的时间要比地球长，这样一来，木星上的一年就要比地球上的一年长了许多。

如果我们能够克服所有的外在因素，能够坐上像光速那么快的交通工具去旅行，那么将不会有时间的存在，因为每一件事情都能够马上就实现。当我们接近不可思议的光速之时，我们就会

发现手表慢了下来，而且我们也会惊奇地发现自己的脉搏都变得十分缓慢。就算是原子内部的电子也会变得越来越慢。假如我们的速度能够超过光速，实际上我们已经将时间抛弃在了后面，这样的情况就如同那著名的五行滑稽诗中所描述的那个令人震惊的女英雄一样——

> 那位年轻而又美丽的女郎唤作光明
> 她脚下的速度比光更快
> 有一天她踏上了回家的路
> 用相对论的方法
> 回到家的时候却是前天晚上

爱因斯坦在与相对论有关的论文中又阐述了这样一个令世人震惊的理论：任何一个物体的质量都是由这个物体的移动速度所决定的。当物体的移动速度越大的时候，它的质量也就越来越大。对于爱因斯坦的这一理论，没有人能够从实验室里面得到证实，因为这种变化实际上是非常微小的，根本就没有办法以普通的速度来进行计算。所以，在1905年"相对论"刚刚发表的时候，科学家们根本无法证实爱因斯坦的这一理论是不是正确的。可是，在随后的几年里，随着科学技术的飞速发展，科学家们逐渐掌握了如何测量微小电子质量的方法，同时也学会了如何加强电子的运转速度，使电子的运转速度能够达到惊人的每秒14.97万千米，但是这个速度也仅仅是光速的一半。但到这个时候，科学家们才从实验室里的数据中发现，原来爱因斯坦之前的预测上述观点是完全正确的。

以前，人们总是认为能量和物质是完全不一样的东西，所谓的物质都是固体的，比如一块石头；而能量则被认为是一个测量物质移动速度有多快的概念，或者它也有什么功能。但是，爱因斯坦却不这么认为，他指出物质和能量实际上是具有密切联系的。比如说，拥有光速一半速度的电子就拥有令人震惊的能量，因为它的移动速度是非常迅速的，这样它的质量就会大大增加，于是能量就转化成了质量。

相反，物质也是可以转化为能量的。实际上，爱因斯坦在当时已经计算出了隐藏在每一个物质中的能量。那道闻名全世界的公式，也是本书唯一提到的一个公式：$E=mc^2$。$E=mc^2$的整个意思就是说，任何一个物质中的能量，都等于物质的质量或是重量乘以光速的平方。

光速是每秒30万千米，把这个数字乘一次就能够知道从一小块物质中可以获得多么惊人的能量了。就拿不起眼的1克物质来说，如果将它全部转化成为能量，那么它所转化的能量大约就是2500瓦电力。

根据这一惊人的公式，科学家们把它应用在了两项震惊全世界的发明上。

第一项发明：这个公式揭开了太阳身上的奥秘。太阳为什么能够在长达几十亿年的时间里不断地产生巨大的光和热，而不是像煤炭一样会烧成一团灰烬。那些以爱因斯坦的学说为研究依据的科学家们把这个公式应用在了太阳内部的原子的研究上，结果显示出：太阳里的那些原子存在于高达几百万摄氏度的"大火炉"里，这样一来就使得很多的原子不断地将自身的质量转化为能量。

第二项发明：这个发明就是原子弹。在"相对论"发表四十年后，科学家们通过进一步研究发现了原子能的其他功用。于是，科学家们懂得了如何把铀原子变成能量，最终根据这一原理制造出了威力无比巨大的原子弹。

终于成为一名教授

在"相对论"发表后的五年里，爱因斯坦带着家人先后前往三个不同的文化名城居住：瑞士的苏黎世、捷克的布拉格（当时布拉格仍然是强大的奥匈帝国所统治的城市）以及德国的柏林。在这五年里，爱因斯坦担任了四个非常重要的学术职位，而且每一个职位的重要性都要比前一个更高。

实际上，在"相对论"刚刚发表之后，爱因斯坦并没有下定决心要离开伯恩的专利局，而是继续在这个普通的公务员职位上干了一段时间。这时候，作为爱因斯坦读博士时期的导师，苏黎世大学的科雷勒教授对他的关注比之前更高了，他对爱因斯坦的"相对论"非常感兴趣。他告诉爱因斯坦，作为一个年青而又前途不可限量的物理学才俊，如果继续把时光和生命耗费在那些无趣的工作上，不啻为对上帝的不敬。因此，他极力劝说爱因斯坦放弃那份稳定、高薪但对他来说却没有多大乐趣的工作。

科雷勒教授对外宣称，爱因斯坦所发表的"相对论"已经使他有了一定的学术地位，这样他足可以在大学里获得一份教书的工作。

可是，苏黎世大学却有这样一项校规：研究生在成为教授之前，必须要有担任过讲师的经历。相对于教授的高薪来说，讲师的薪水不但低廉，还没有保障，因为讲师的收入主要是前来听课的学生所付的学费，而且讲师的课程都是自愿性的。换句话说，就是谁课讲得好谁的课堂上坐的学生多，谁的收入就高。

然而，学生们听谁的课很大程度上是由讲师的名气所决定的。因为爱因斯坦的名字只被很少的学生知道，绝大多数学生根本就没有听说过这个人。因此，爱因斯坦的课堂上几乎是没有什么人，经常前来听课的人只有两个，而且这两个人都是他的好朋友。此时，爱因斯坦对于讲课授学的兴趣已经没有大学刚毕业时那么浓了，课堂对于他来说就像是一个供他演讲的"大演讲室"。因此，他经常跟周围的朋友说，讲课就像是在马戏团里表演一样。

有一天，科雷勒教授前去听他的课，想看看他的这位"得意弟子"讲课讲得怎么样。可能是爱因斯坦在导师面前有一点儿紧张感,也可能是他根本就没有做好准备工作,结果使得前来听课的科雷勒教授大为光火,他对爱因斯坦在课堂上的表现很失望。科雷勒教授非常严肃地对他说:"你上的课简直是糟糕透顶,我都开始怀疑要不要让你也列席物理系的教授之中。"

爱因斯坦的回答是:"对于成为苏黎世大学的教授,我根本就没有幻想过。"其实,他的兴趣主要在于研究工作,而不是很在乎当上教授后所获得的社会地位以及较高的薪水。

佛莱瑞奇·亚德勒是爱因斯坦在工学院时结交的最好的朋友之一,此时的他早已经获得了苏黎世大学的副教授头衔。亚德勒不愿意和爱因斯坦这位老朋友进行竞争,因此当他听说自己被提名担任苏黎世大学的教授时,他马上向学校董事会提出了申请,他没有为自己讲话,而是为他的老朋友讲话。

亚德勒在申请书中写道:"假如我们苏黎世大学不能聘请爱因斯坦这样杰出的大学者担任教授,而是聘请我这样的人担任教授,那么我觉得这真是天底下最滑稽的事情了。因为,以我的能力跟爱因斯坦相比,是无论如何也比不上的。"

可以说,正是在亚德勒的努力争取下,爱因斯坦才获得了苏黎世大学的副教授职位。在获得了副教授职位后,爱因斯坦马上写信把这一好消息告诉了母亲,"您的儿子终于实现您多年以前就梦想他能获得的荣誉了。"

名人励志传记丛书

"你获得的荣誉是不少,可是这没有给你带来更多的收入啊,你的收入增加了吗?"米列娃一脸不满地对爱因斯坦说道,"你现在必须清楚,你现在赚的钱比在专利局时还少一点儿,你知道咱们家的生活有多拮据吗?"

对于妻子的指责,爱因斯坦也很不高兴,他提醒她说:"你也应该明白,我们现在的生活也还过得去啊,一个副教授家庭的生活能有多差呢?"

米列娃不想反驳他,更不想跟他发生争吵。因为此时的爱因斯坦完全沉浸在他的宇宙世界中,根本就没有注意到生活中的拮据,很多时候都是因为妻子的节俭才让家庭收支平衡的。

"从现在起,我们家的生活比之前困难多了!"米列娃一脸忧愁地说道,"之前你在专利局做一名小职员时,来我们家的客人大多数都是跟我们生活水平差不多的研究生,因此我们没有必要装出一副很富有的样子。可是现在呢?你已经成为一名拥有教授头衔的人了,你、我,还有孩子,我们的生活是不是应该和其他教授看齐,应该像他们那样讲究呢?而且,我现在还需要经常举办家庭宴会,以招待其他教授的太太们!"

"我觉得,我们还是可以想很多办法去应付这些新开支的,相信自己,我们一定会有办法应付这一切的,亲爱的。"爱因斯坦还是和之前一样,一脸平静地说道。

"你的意思是说,我还可以有办法应付这一切?"米列娃一脸嘲讽地问道。她真的是很担心，因为目前家里的开支的确比较大。可是，碰上这样一个脑子里装得下宇宙却装不下一个家庭的丈夫，她实在是很无奈。但是，没过多久，她还真像丈夫所说的那样，找到了增加家庭收入的办法——她招了几个学生住在家里，每月收取一定的租金。

"天呐，你这个办法真是太妙了，你真的是一个贤惠又会持家的好妻子！"爱因斯坦听了之后非常高兴，"以后每天晚上我可以跟几个学生一起吃晚餐了，而且能够和他们像一群老朋友似的聊聊天，而不是像教授与学生对话那样的无聊了。我觉得，他们住在这里也会非常的开心，他们可以和我开玩笑，也可以向我请教。"

爱因斯坦非常讨厌那些老师与学生之间的繁文缛节，这是他从学生时代就养成的习惯。因此，他身边的学生们都非常喜欢和敬重他，因为他从来不要求学生们对他表露出十分尊敬的样子。爱因斯坦也是一个十分狂热的"民主分子"，所以对于他这位很有名望的教授而言，对学生亲切才是教授好学生知识的重点之一。不过，他这种不拘小节的做法也得罪了很多的人。

在苏黎世大学当教授的这段日子里，爱因斯坦的家庭生活虽然不是很宽裕，但是也相当的愉快。他离开瑞士的时候是1910年，那时候他已经成为布拉格一所德国大学的一名教授。爱因斯坦离开瑞士，并不是因为这所德国大学的薪水多才让他下定决心离开的，而是因为他非常欣赏 19 世纪的英国物理学家法拉第。在爱因斯坦看来，自己的个性和法拉第是十分相似的。法拉第曾经说过："我对于科学的热爱一向超过金钱……我可能永远不会成为富人。"

"现在，我必须告诉我的母亲，我马上就要成为这所德国大学的一名正教授了，而且是一所著名大学里的著名教授！"他一脸微笑地说道，"在我读小学的时候，我的老师曾经嘲笑我口齿不清，并且有点羞怯，还指责我是他所有教过的学生中最笨的一个。可不管怎么样，我的妈妈一直都坚信我长大后会成为一名教授，一名德国的著名教授。"

"喔，就像是丑小鸭啊！"儿子汉斯叫道，"爸爸，你能把那个故事再给我们讲一遍吗？好吗，爸爸！"

"让你们的爸爸去收拾他的那些文件和书籍吧，他很忙，现在是正教授了！"米列娃对儿子们说道，"现在，他必须自己收拾才行。"她并没有说出假如爱因斯坦不收拾文件和书籍会产生什么样后果的话，因为这件工作很有可能就要落在她那原本已经过度负荷的肩膀上。在处理家务上，她已经知道绝不可以依赖她那位喜好做梦的学者丈夫了。

来到布拉格后，米列娃先租了几间房让全家人住下来，想等在瑞士使用的老家具全部运送过来后再找一个稳定的住处。然而非常不顺利的是，周围的邻居很快就对孩子们的吵闹提出了严重的抗议,最后房东很礼貌地要求爱因斯坦一家必须搬离这里。

"我们现在能把家安到什么地方去呢?"妻子米列娃焦急地喊道,"这两个小家伙现在这么吵闹,我们又没有办法令他们安静下来。我已经租好了一间公寓,可是瑞士的家具还没有送过来,我们现在该住到哪里去呢?"

这时候,爱因斯坦第一次扛起了家庭的重担。"不要着急,我先去买一些简单的家具暂时用上一阵子,等我们瑞士的老家具运过来后,一切都会好的。放心,就一些简单的家具,应该不会贵到哪里去的,我们只是用上一阵子而已,我可以去买一些二手的家具啊。"

米列娃看到丈夫表现得如此尽责且那么节俭,心里十分高兴。但是,等到他们一家人在那所简单的公寓里睡了一个晚上之后,她又开始有了新的想法。一些不该进来的小东西随着其中的一张二手床进入了这个家庭,汉斯和爱德华整整一晚上都翻来覆去地没有睡好,第二天一大早他们就向母亲展示他们昨晚所受的苦——两个小家伙的腿上、胳膊上布满了瘆人的小红点。

"天呐!是该死的臭虫!"米列娃不禁发出了害怕的惊叫声,"要用什么办法才能把这些该死的臭虫给清除掉呢?"

"不要害怕和担心,"爱因斯坦对妻子说道,"我想,它们一定是捷克的臭虫,等到它们发现我们是真正的、友善的德国人时,它们就不会再咬我们了。"

爱因斯坦已经知道，布拉格的捷克人对于他们这些外来者是非常痛恨的。他们一家到达布拉格的当天晚上，全家到附近的一家小餐馆去吃饭。

"你曾经见过这样怪异的菜单吗？"米列娃一脸惊奇地说道，"瞧，快瞧瞧，这里的菜名用德文写的只占了半页，把菜单倒过来看，就会发现另半页的菜名都是用捷克文写的。"

爱因斯坦把服务生叫到了餐桌旁边，他很高兴地发现这位服务生竟然会讲德语。现在的爱因斯坦已经能说一口流利的法语了，而且还会说一些意大利语。在他看来，学习语言一直是一件比较困难的事情，他也听说过，捷克语也很不好掌握，所以他很高兴可以用母语和这位服务生交谈。

"请介绍一下，你们为什么把菜单印成这个样子呢？"他问道。爱因斯坦的声调和表情都非常友善，因此那位服务生也一改往日对奥地利以及德国客人的那副冷冰冰的表情，微笑着对爱因斯坦说："先生，因为我们这里的客人不是德国人就是奥地利人，还有捷克人，大家都喜欢在菜单上看到印有自己国家文字的菜名，所以我们的菜单就变成了这个样子。"

"这话固然很对，但是，你们为什么不把菜单都印正呢？现在的菜单是一半正的，一半倒的，先印的是捷克文，然后印的是德文。"

"如果，我们的德国客人发现印有他们本国文字的菜单被印在卡片的下半部，他们就会认为是受到了侮辱。"

"我想，同样，如果你们先印德文菜单，那么你们的捷克客人也一定会认为受到了侮辱。对吗？"爱因斯坦问道。

这位服务生点了点头，然后连忙去伺候另外一桌的客人。

"现在我们应该可以看出，布拉格的气氛是多么的糟糕！"米列娃说道："我还是比较喜欢瑞士，在那里，每个种族的人都能够和平相处，相安无事。"

自从这次以后，爱因斯坦经常去光顾那家小餐馆，他去那里吃饭并不仅仅是为享受那特有的菜肴，也经常和那位服务生以及在那里遇见的捷克朋友多交流一会儿，喝喝酒，聊聊天。可以说，爱因斯坦与布拉格的其他德国人和奥地利人是很不一样的，你在他的身上根本就看不出任何一点种族歧视的观念，所以他并不讨厌当地那些被别国统治的捷克人。爱因斯坦发现，德国大学在奥地利人的控制下，学生们只能讲德语。在这种情况下，捷克学生非常仇视德国的教授以及德国的学生。

有几位学生前去听爱因斯坦讲课，并且根据他的指导从事相关研究。相比之下，爱因斯坦的教学态度比很多傲慢的德国教授好得多。但起初，这些慕名前来听讲的年轻人并不认为这是一件好事儿，相反，他们还怀疑爱因斯坦如此友善和蔼的目的，觉得他另有所图。等到后来，这些年轻人才发现爱因斯坦是一位不折不扣的好人，是一位非常值得学生们信赖的好教授。随后，学生们改变了对他的看法,在和他交谈的时候也能够坦白地谈起捷克人民对自由的渴望,告诉他捷克人民一直都在为争取自由而努力奋斗。

虽然,爱因斯坦的身上已经没有多少犹太人的生活习惯了,但是在布拉格教书的他却慢慢和他的同胞们越走越近了。因为奥地利的最高统治者规定:不论是境内哪一所大学的教授都必须属于奥匈帝国所承认的一种教会,否则就不承认他的教授资格。爱因斯坦自己登记为犹太人,但这只是表面上的。

有一次,爱因斯坦沿着狭窄的圆石街道散步,不知不觉中走进了一个之前犹太人聚集的地方。站在那个地方,他感到自己仿佛回到了几个世纪前。这个古老的犹太区高墙上的时钟都是用希伯来文标明的,而犹太大教堂上的石墙看上去和坚固的堡垒一样,当时布拉格的犹太人为了逃避敌人的追击而藏身于大教堂时,就会把大教堂当作是他们反抗暴力的据点。这附近有一座破旧的墓园,里面有很多损毁的墓碑,从那些残破的墓碑上可以看出有多少圣徒以及学者成了那些反犹太人屠刀下的亡魂。

行走在这些破旧的坟墓之间,犹太人那悲惨而又古老的历史对于爱因斯坦来说,比之前在慕尼黑听犹太教的传教士讲述的更为真实。

"犹太复国主义"——这项运动的主要目的,就是要将犹太国重建于犹太人在几世纪以前被驱逐的巴勒斯坦地区——这第一次让爱因斯坦对它产生了浓厚的兴趣,爱因斯坦在布拉格的一些新朋友,几乎全都是犹太复国主义者。

在某一些晚上,他们就会聚集在朋友的家里,讨论为犹太人建立一个国家的美好愿景。一般在这个时候,爱因斯坦都会静静坐在一边抽着烟斗,一边认真地思考着。表面上的宗教信仰,并不能成为爱因斯坦被批准进入布拉格德国大学做一名教授的必备手续之一。另外还有一项要求,让这位对战争一直持憎恨态度的大科学家深感震惊,那是一个非常愚蠢的做法,就是要求爱因斯坦购买一身制服,一身看上去和奥地利海军军官制服没有多大差别的制服——呈三角形的羽毛帽子,挂着装饰品的外套,以及一把看上去很精美的长剑。和奥地利所有的大学教授一样,爱因斯坦被要求穿上这身制服并宣誓效忠后才能进入大学执教。当然,爱因斯坦以后再也没有碰过那身制服。可是他的大儿子汉斯却对那身制服有着相当的好感。

"爸爸,"汉斯请求道,"在你决定卖掉或者是送走那身令人着迷的制服之前,我希望您能够穿着它,再佩戴上那把长剑,最后带着我出去转一圈。我真的很希望我的每一个朋友都能够看到你穿着这身制服。"

"我答应你,这个没问题。"他的父亲回答道,"他们肯定会觉得你的父亲是一位巴西海军上将呢。"

对于爱因斯坦来说,这里还有一项风俗是非常愚蠢的,就是

名人励志传记丛书

新来的教授必须去拜访与他同一所大学里的每一位教授。听到这件事情的时候，爱因斯坦忍不住喊道，"上帝啊，我竟然要连续去拜访四十个人，这是一件多么愚蠢而又令人感到憎恶的事情啊！"不过，另一方面，他也在心里悄悄地嘀咕，"在拜访这些同事们的时候，也可以顺便了解一下这里的风土人情，这样也算不错了！"因此，没过多久，他便开始去其他教授家中进行拜访，不过，他总是挑选那些可以供他散步而且是他所急于去看看的地区。当这项漫长的"观光活动"还没有结束时，爱因斯坦就忍不住把自己的拜访名单给撕掉了，因为他再也不想进行这种无聊的拜访活动了。对于那些没有等到爱因斯坦前来拜访的教授来说，这无疑是一种巨大的侮辱，可是他们怎么明白，爱因斯坦之所以不去拜访他们，只是由于他们所住的地方引不起爱因斯坦的"观光兴趣"而已。

当然，在布拉格也有这样一些人，他们经常受到爱因斯坦的拜访，因为他们都是令人尊重的科学家——他可以和他们相互交换意见。另外，还有一些人也受到了同样的"礼遇"，就是那些与爱因斯坦一样都非常爱好音乐的人，爱因斯坦与他们交流的时间也很多。来到布拉格后，爱因斯坦还受那些嗜好音乐的人的邀请，加入了一个由几位很有音乐天赋的业余音乐家组成的四重奏小组。

在布拉格生活的这段日子里，爱因斯坦继续着自己伟大的研究工作。他不仅在自己的书房内努力研究，而且在那些蜿蜒小径或是小山丘上散步时，也在不停地思考着新的问题。有一次，他告诉与他一起工作的一位物理学家说："我们所从事的这项工作，在任何时间、任何地点都能够进行。"

爱因斯坦在布拉格定居后没多久，他的母校苏黎世联邦工学院给他发来了一份邀请函，邀请他回去当教授。想想过去，他先是没有通过苏黎世联邦工学院的入学考试，后来在那里连一份卑微的助教职位都没有能够得到。如果说爱因斯坦的性格中有一丝一毫的狭隘，那么他一定会以一个成功者的口吻拒绝他们的邀请，但是爱因斯坦并没有这样想。

他一直都非常怀念那座令他着迷的瑞士城市，因为那里有他很多的朋友和同事。更为重要的是，妻子米列娃在布拉格的这段日子里一直过得都不开心。就在爱因斯坦因为这封邀请函而心神不定时，他的妻子开始劝说他重新回到瑞士去生活，她喜欢那座可爱的城市，她觉得孩子们也是非常怀念那里的。在妻子的劝说下，爱因斯坦最终下定决心要回到苏黎世——1912年，爱因斯坦和家人告别了布拉格，接受了苏黎世联邦工学院的邀请回去担任教授。

几年以前，在德国物理学界很有名望的科学家普朗克曾经这样说过："假如爱因斯坦的理论能够被证明，证明这的的确确是真实正确的，那么他将会被称誉为20世纪的哥白尼。"当时，爱因斯坦也不过是一个三十岁出头的年轻人，但是他的声誉却是与日俱增。爱因斯坦的新理论引起了全球科学家们的很大兴趣，因此他获得了每一位科学家毕生追求的最高荣誉——接受邀请前往布鲁塞尔参加世界著名的物理学家大会，并做专门演讲。

1922年，普朗克教授专门到苏黎世拜访了爱因斯坦，他们两位在好几年前就已经成了关系密切的好朋友。当时，普朗克教授已经成名，他对比自己更年轻的爱因斯坦十分爱护，不断地鼓励他进行更深入地研究。他们之间的友谊维持了相当长的时间，不过，两个人除了在科学研究和古典音乐上有很多的共同语言外，在其他的地方却有着很大的差别。

普朗克出生在一个政府高级官员家庭，而爱因斯坦的父亲只是一个失败的商人。普朗克的身材非常高，而且举止和谈吐都非常优雅，他总是穿着一身熨烫笔挺的衣服；爱因斯坦则是一个较矮的人，也很瘦，而且从来都是一个不拘小节的人，甚至在社交场合也穿着很普通的衣服。普朗克是一个很有行政头脑的人，他非常喜欢主持委员会，或者是担任某项议会的主席；爱因斯坦则是一个不喜欢参加任何会议的人，除非这个会议他比较感兴趣。普朗克是一个贵族出身的普鲁士人；爱因斯坦则是出生于德国南部的犹太人，而且他一点儿都不喜欢德国北部的寒冷及礼仪。

不过，因为普朗克非常仰慕爱因斯坦所取得的伟大成就，因此他十分想把爱因斯坦请到柏林去教书。他给爱因斯坦提供了一项礼遇很特别的邀请,就是爱因斯坦可以接受柏林的三个职位。请注意!是三个职位而不是一个职位。如果换作是一名上了年纪且资历很深厚的老教授或研究人员,他们一定会把其中的一个职位当作自己的终身职位的,可是当时的爱因斯坦只有三十四岁。

普朗克为爱因斯坦提供的第一个职位是担任柏林普鲁士科学院的教授。柏林普鲁士科学院创始于1700年,是德意志帝国最古老、最有威望的科学研究机构。柏林普鲁士科学院的正院士只有七十人,另外的两百多名院士都是普通院士。柏林普鲁士科学院的最主要任务是做科学研究而不是教学。普朗克相信,像爱因斯坦这样在物理学界已经取得极高声望的杰出人物,必定会选择柏林普鲁士科学院,因为这是一项"双赢"的选择,他的到来既能够给学院增加声誉,也能够给他个人带来更大的影响力和一个好的工作环境。

普朗克为爱因斯坦提供的第二个职位是担任柏林大学的教授。爱因斯坦在柏林大学任教时不必再从事他认为"马戏表演"式的授课,他可以非常随意地去选择自己的授课方式,而且也能够抽出大部分的时间来从事科学研究。

普朗克为爱因斯坦提供的第三个职位是去柏林的凯瑟研究所。柏林的凯瑟研究所是和美国洛克菲勒基金会合作创立的,其研究的领域非常广阔。不过,这家研究所并没有成立物理研究所,准备在爱因斯坦来了之后再成立,同时任命爱因斯坦为该物理研究所的所长。当然,他还能够在其他领域的研究课题组担任顾问。

由于年轻时候在德国的那段生活并不是特别愉快,因此爱因斯坦接到普朗克的邀请之后一直在寻思,到底要不要回去,成为那个僵化的、由政府全力控制着的教育制度中的一员?尤其是在那个充满了战争气氛的德国首都,还能够自由呼吸吗?

所以他决定拒绝普朗克的邀请。不过,普朗克又怎么会甘心呢?普朗克再三向他保证,不会让他担任任何的行政职位,只要他能够来柏林,就会有和努恩斯特、哈伯等世界上最著名的科学家一起工作研究的机会。可以说,在普朗克的努力劝说下,爱因斯坦最终还是被打动了,于是他辞去了苏黎世联邦技工学院的教授职位前往柏林,担任柏林普鲁士科学院的教授——他后来在柏林一连担任了二十年之久的教学工作,而且执教成绩非常出色。

与米列娃的婚姻走到了尽头

1914年春天,来到柏林的爱因斯坦在这里过着寂寞而又繁忙的生活——妻子米列娃和孩子们并没有跟随他来到柏林。在这个时候,米列娃和爱因斯坦都认为他们的婚姻走到了尽头,他们一致认为他们的婚姻是失败的。

妻子米列娃拒绝住在瑞士以外的任何地方,因为她觉得在瑞士的生活是自由而快乐的,这个国度有着其他国家无法比拟的优点。就这样,这一对已经结婚很多年且养育了两个孩子的夫妻离婚了，不过离婚后的他们仍然保持着很好的友谊。爱因斯坦一有空闲时间就前往瑞士探望孩子们，而汉斯和爱德华则会在放假时来柏林与父亲团聚。

此时的爱因斯坦教授已经把柏林当作自己的家了，可是对于一个熟悉德国南部温暖气候以及风俗习惯的人而言，柏林却显得是那么的冰冷和陌生。在这座德国最发达的城市中，"铁血宰相"俾斯麦执政时所追求的高效率已经完全体现出来。喜欢发动战争的德皇威廉二世的统治风格，又非常契合俾斯麦的执政理想。

军官们昂首阔步地行走在大街上，街道两旁是大量排列极为整齐的建筑物和英雄雕像。假如人行道上十分拥挤的话，平民和行人都会马上走到一旁，好让军官们快速经过。在这座城市里，从政府官员到平民家的小孩子，每一个人都会按照符合要求的步伐行走。就连街头那些没进入学堂的小孩子都知道，在公园里丢弃一张纸也是很严重的罪过。

在大学校园里，爱因斯坦也处处遭遇着繁文缛节的限制。他非常讨厌一定要对他人称呼正确的头衔的方式，不能够把某教授的夫人叫作某某太太，而是一定要称之为某某教授太太，如果是使用其他称呼，将会被当作是对她的一种侮辱。一位正派的教授一定会拥有好几套"制服"，比如说，他在讲课的时候应该穿什么衣服，或者是出席什么活动的时候就必须换上什么样的服装。爱因斯坦一直觉得领子不能扣得太紧，并让裤子宽松自然一些，会让人更加舒服。所以现在，已经有很多人在他的背后指指点点了，有人甚至在背后讥笑他的皮鞋好像从来没有擦过一样。

对于这些背后的评论，爱因斯坦一直都不放在心上。实际上，他从来都不向他不认为对的世俗想法低头。比如说，在参加大学宴会和定期擦皮鞋的事情上，他从来都是毫不在意的。对此，他的一位同事这样形容他："在柏林一共有两种物理学家，一种是爱因斯坦，另外一种则是除了爱因斯坦以外的所有物理学家。"

不过，这样一来，爱因斯坦总算能够将大量的时间用来研究物理学了。众所周知，科学家们遵循两种研究方法来探索宇宙的真理。他们的工作"属性"，分为"纯科学"和"应用科学"这两类。在"纯科学"方面，我们总是能够发现，像爱因斯坦这样的理论物理学家一直都致力于为全世界提供一种新的理论，他们所用的研究工具只有铅笔和纸张，而没有其他任何的工具。在"应用科学"方面，我们应该知道像麦克森和莫雷这类实验室里的科学家，他们负责证实新理论是否正确，他们的主要"战场"就是实验室。

爱因斯坦在柏林最初的那段日子里，仍然在努力完善着他于1905年所提出的"相对论"。当时，他的这项理论已经在全世界范围内引起了巨大的轰动。不过现在，他最忙的事情就是撰写一份声明，这篇声明将让他早期学说的范围更为扩大，能够向各个阶层的人进行普及。他非常兴奋，现在终于可以不用定期去讲课工作了。在和他的同事或学生谈论起"相对论"的时候,他的讲解可谓是清晰而又到位,因为这些人有足够的知识功底来听懂他讲的话。可是,当他站上大学课堂的讲台时,由于所讲述的内容并不是他十分感兴趣的,所以他总是讲不好。

他对大部分的学生都十分地友好,会经常抽出一些时间来帮助他们解决问题。有一次,他对一位像他年少时一样羞怯的学生说:"不会的,你不会打扰到我的讲课进度,因为你是那么的出色。"不过,站在讲台上教授他并不感兴趣的内容,对他来说的的确确是一件很不容易的事情。在这段日子里,他把大量的时间都花在了研究工作上,因为他已经不必再向参加听课的学生收取费用了。

实际上,他的生活仍是十分简单的,除了音乐和科研之外,他还是像之前一样几乎没有任何的嗜好,有些时候他甚至为如何花掉自己那些高额的薪水而发愁。

艾莎表妹成为他的新伴侣

爱因斯坦的父亲已经离世了,现在他的母亲和妹妹一起生活。他的一位舅舅也在柏林生活,表妹艾莎(现在已经是一位寡妇)则住在这位舅舅家里。一开始,他根本没有认出这位优雅端庄的太太就是和他妹妹一起玩闹的小伙伴,因为她现在已经是两个孩子的母亲了。

爱因斯坦是一位非常喜欢和小孩子玩闹的人，他非常乐意看到艾莎表妹和两个可爱的小女孩来，因此他常去她们家做客。那两个可爱的小女孩分别叫作艾尔丝和马加特。在吃晚饭的时候，艾尔丝和马加特惊奇地发现，母亲和眼前的这位教授一起兴高采烈地回忆着他们童年时在慕尼黑的点点滴滴。看着眼前这位身为普鲁士科学院院士的爱因斯坦教授，两个小女孩很难相信他之前是一位羞怯且说话结巴的人。这怎么可能呢？她们忍不住向他提问。

艾尔丝问道："您为什么总是要避开自己的妈妈而躲到您所说的'洞穴'中去呢？"

"那时候的我非常笨，"爱因斯坦一脸愉快地回答道，"不过，我现在可不会那样子了。"正在说话的他发现为他倒咖啡的表妹的脸都红了，心里不禁十分高兴。

"妈妈说，您跟她一样都是非常喜欢音乐的人。"马加特也提问道，"那么您为什么不练习一些您自己的乐曲呢？"

"哦，我刚刚说过，我很久之前是一个很笨很笨的小男孩。"爱因斯坦微笑着对马加特说。

马加特又摇着他的胳膊说道："能否请您在吃完晚餐后，给我们演奏一会儿小提琴呢？"

"我非常乐意。"爱因斯坦高兴地回答道，"我想，如果你们的妈妈能够用钢琴为我伴奏的话，我想我一定能够拉出一首很好听的曲子。"

从此以后，爱因斯坦在他的这位舅舅家度过了很多愉快的夜晚。每次吃完晚餐后，舅舅家都会举办一个小型的音乐会。最后，等两个小女孩儿都上床睡觉后，爱因斯坦便坐在他最喜欢的藤椅上抽着烟斗，表妹艾莎则是忙着做家务。

如果爱因斯坦愿意谈起他刚刚讲授的课程，或者是他在实验室里遇到的有趣的事情，艾莎就会坐在他对面全神贯注地聆听着，仿佛忘记了她明天还要为孩子们准备三餐，或者是忘记了要替马加特剪裁一身全新的晚礼服。当她面前的爱因斯坦陷入了沉思时，她明白自己这时候最好不要发出任何声音，因为会打扰到他进行思考。如果时间已经很晚了，她则会为他端上一杯咖啡，还有一块刚刚烤好的蛋糕。

"除了我的母亲之外，这世界上再也没有人为我烤过如此美味的蛋糕！"爱因斯坦感动地说道。

艾莎微笑着跟他说："如果我能够拿到波林姑妈的食谱，那你就有口福了。"

临走时，他伸出手去拿自己的帽子，艾莎说："等一下，从你走进屋子的时候我就注意到，你的帽子要刷一刷了。还有，继续站着别动，我帮你弄好你的衣服领子。"

爱因斯坦的脸上露出害羞的微笑，他慢慢地把帽子交给她。他说，这一幕真像小时候在慕尼黑，那时候他每一次出门前母亲都会把他收拾得干干净净，好让他有一副"受人尊敬"的形象。

第三章
成为闻名全世界的物理学大师

"相对论"更新"万有引力"

爱因斯坦也被称为"20世纪的牛顿"。这是因为,他提出的相对论对于牛顿在两个世纪前就提出的万有引力定律构成了很大的挑战。

在两个多世纪的时间里,从来没有人能够对牛顿的万有引力定律发起挑战。因此,全世界人民几乎都一致认为牛顿的万有引力定律是永远不会受到挑战的。可是现在,爱因斯坦的相对论成为引起人们强烈关注的新理论,他的理论更为广博,其中包含了牛顿的很多理论以及很多大科学家对于宇宙的看法。

爱因斯坦并不想推翻牛顿的理论世界。对于这个学术野心并不是很大的人来说，他只是希望能够将牛顿的理论进一步扩大，使其变得更加丰富，从而为人们描绘出一个简单而又真实的宇宙形象。

关于磁场这项新理论的最早源头是来自两位英国人麦克斯韦和法拉第，他们在一百年前就提出了相关的命题。麦克斯韦和法拉第主要是研究电力与磁力的，他们在这方面取得了丰硕的成果，其中最著名的一项就是发现如何用交流发电机制造电力。间接地，他们还制造了一些被誉为"现代奇迹"的发明产品，如无线电和雷达。他们在详细的观察中发现，在磁场内所有的铁器都会受到吸引，最终他们提出了磁场理论。

爱因斯坦说，现在我们也可以根据牛顿的万有引力定律把太空想象成一个大磁场。像太阳和星星这些巨大的物体都是建立在巨大磁场的"万有引力场"上。就算是像地球一样小的星体，也能够吸引四十万千米之外的月球。这种万有引力大磁场的吸引力十分强大，完全可以使光线发生曲折，之前，人们从来没有想到过光线也会受到万有引力定律的影响。

爱因斯坦提出的更具颠覆性的声明是：太空是曲折的形状，星球只不过是遵循最简单以及最自然的轨道来旋转的。每一条河流，不论大小，最终都是要流入大海的。但是，它们流淌之时所经历的地面并不是平坦的，河水在流淌的时候总是会顺着最容易流淌的线路进行。同样的道理，天体运行的轨迹也是一样的。

如果说，有一位飞行员想从美国飞往印度或者中国，那么他的最短飞行路线并不是像世界地图上所显示的那样，直接画一条直线横渡太平洋抵达目的地。这位飞行员必须在极区的上空绕一个大圈子，然后再向目的地飞过去。同理，那些星球和流星在太空中的运行也并不是一条直线，可能是很大的曲线，就像飞行员必须飞跃极区一样。

直线并不可能永远都是两点之间最短的距离，这可能是令许多人都感到费解的一个新观念。

爱因斯坦的理论令全世界都感到震惊，这并不仅仅是因为他宣称太空是曲线型的而不是直线型的。按照他的理论，他还宣称太空是有限的，并不是之前人们所想象的那样是无限的。他告诉全世界，如果一个人沿着从太阳或者是其他一些大型星体上所发出的一道光线行走，在十余亿年之后，这个人会随着这道光线走回他原来的出发点。这就表示，整个宇宙和上述的地球表面一样都是有限的。

对于自己的这些惊人的论断，他也做过很多令他感到十分满意的证明。不过，他也提出过几项证据可以由科学的观察来获得，其中最著名的一项实验就是由分光器研究从星星发出的光，这个研究证明爱因斯坦的学说是正确的。而其他的理论证据则等待着天文家们去证实。

根据牛顿的物理学基础，所有的星球运转都是可以做出正确解释的。可是，唯独对于水星的运转，却一直没有进一步的解释。

对于水星这种特殊的运转，爱因斯坦展现出了非常浓厚的兴趣。在经过一番仔细的研究后，他得出了这样的结论：水星每年以极其微小的偏差正在偏离其运行轨道，因为水星比我们熟悉的地球更为接近太阳，这也就表示太阳的引力场对于水星的吸引力更强烈。天文学家们在经过无数次试验统计后，最终证明爱因斯坦对于水星的预测是正确的。

可是，又有什么证据能够证明，爱因斯坦所说的光线受到引力的影响的论断是正确的呢？在爱因斯坦看来，那些与太阳处于同一区域的星体，它们的运行轨迹可能出现偏差，因为它们的光线在经过太阳时都会发生曲折。在一般情况下，我们的肉眼是看不到这些星星的，因为太阳的光线实在是太强烈了，我们只能在发生日全食时通过望远镜观察到。当时，全世界的科学家们都急着观看到这种景象，以证明爱因斯坦关于光线曲折的论断是正确的。

1911年，爱因斯坦一生中最重要的一篇论文在布拉格发表，这篇论文的名字叫作《对万有引力及其对光线的影响的研究》。论文发表后，爱因斯坦就呼吁天文学家们应该尽快证明他这篇论文的正确性，以证明接近太阳的光线是否都会发生曲折。可是，很多的物理学家都认为他的这些理论和见解缺乏充分证据的支持,可能只是他的个人幻想。假如他错了,他也会很高兴,毕竟有人证明他的理论和见解是错误的,这对他以后的研究工作也是不小的帮助。

为什么像这样的研究以及实验调查不能够马上进行呢?其实原因也是很多的,其中最主要的一项是日全食发生的机会并不是很多,更为重要的是,在日全食发生时,全世界也只有少数的几个国家的几处地点能够进行有效的科学观察。天文学家已经知道,1914年将会发生一次日全食,观察这次日全食的最好地点是俄国。

1914年,一群募集了足够多经费的德国天文学家带着精密望远镜进入了俄国。那年夏天,爱因斯坦学说的支持者与反对者都焦急地等待着,等待着这群德国天文学家们能够拿出一份"完整的科学报告",以证明爱因斯坦的学说是对还是错。

这群德国天文学家抵达俄国之后,却迟迟无法给焦急等待的人们拿出那份"完整的科学报告",因为,此时的天空已经一片黑暗——黑暗的不仅仅是太阳,还有笼罩了全世界的战争乌云。1914年,人类历史上最可怕的一场大战——第一次世界大战爆发了,俄国、英国和法国一起向德国宣战了。

这群背着精密望远镜的德国天文学家刚刚一进入俄国,马上便被俄国当局当作奸细监禁了起来。不论日全食在什么时候发生,也不论日全食是不是会证明爱因斯坦的学说正确与否,这群可怜的天文学家都不可能有机会使用他们的精密望远镜了,他们看不

名人励志传记丛书

到可能解答他们疑问的满布群星的天空，他们看到的只有牢房里的天花板。一直等到这场持续了四年的人类大屠杀结束，一直等到和平鸽开始在天空自由地飞翔，他们才被俄国放出了监狱，拖着虚弱的身体回到德国。

爱因斯坦是一个彻彻底底的和平主义者。这么多年以来，他总是认为，没有任何一件事情能够让他加入战争，让他也成为战争这架绞肉机中的一枚小螺丝钉。他发现，自己生活在德国这样一个喜欢发动战争的国家，实在是太过艰难了，尤其是在战争时期，这种感觉更是十分地强烈。不过还好，爱因斯坦已经取得了瑞士的公民身份，瑞士仍然是一个保持中立的国家，所以他并不会被当作敌人看待。虽然也有人在背后指责他，指责他对自己的祖国缺乏应有的忠诚，可是那些指责他的人却没有一个能够指出他对祖国不忠诚的地方。

著名化学家华特因为研制出了毒气，为德国军队在战场上的战斗力提升做出了"贡献"；另外一位大科学家哈伯，也为毒气应用于德国军队做出了不小的"贡献"。因此，他们都获得了德国陆军少校的军衔。尤其对于哈伯来说，这个象征着很大荣誉的军衔对于他有着很重要的意义——由于他的父母都是犹太人，所以他一直在不停地努力，不但希望自己能够成为被全世界所公认的科学领袖，还希望自己被当作是一位为德国做出很大贡献的爱国人士。哈伯总是不断地催促他的好朋友爱因斯坦，要求他和自己一样都变成一名忠诚的国家理想主义者。

可是，爱因斯坦是一个崇尚和平的人，他最喜欢的事情是继续研究他的学说。所以，爱因斯坦对于政治没有表现出一丝一毫的兴趣。曾经有一位为他撰写传记的作家说，他喜欢把自己当作世界舞台前的一名普通观众，冷静地观察着这个世界上所发生的一切。因此，战争爆发后，他的请求是继续让他在实验室里进行自己的科学研究工作，而不是积极地参与到那场血腥的战争中去。

爱因斯坦曾经说过，对于一个思考着的人而言，人生最愉快的事情莫过于成为一名灯塔的管理员。那时候，他就可以远离现代社会的各种嘈杂声音，远离那些令人不愉快的纷争，从而专注于干好一件简单而有用的工作，可以把自己的毕生精力都投入到他所感兴趣的有价值的工作中去。可是现在，战争的怒吼声是如此巨大，这位享誉世界的物理学家要想不去理会也是一件不可能的事情。幸运的是，他所从事的工作并不会和战争产生直接的关系。他常常暗自庆幸，庆幸自己不是一名实用类科学家，那些实用类科学家虽然在毒气和炸药的研究上取得了出色的成就，也因此获得了巨大的荣誉。可是，爱因斯坦却不想获得这种荣誉，因为他觉得这种荣誉的背后是血腥与死亡。当时，在舆论上，政府还是希望他能够站在德国这一边的。

1914年，德国政府宣布，他们和那个孤立无援的小国家比利时所签订的条约不过是一张废纸。随后德国军队的铁蹄开始践踏比利时的领土，给成千上万的无辜比利时人带来了死亡与毁灭的阴影，全世界都被德国军队的暴行惊得目瞪口呆。当时，全世界的舆论一致谴责说：放眼这个文明的大时代，只有野蛮人才会干出这般无耻的事情，为人类带来了文字、科学和音乐的德国人怎么可以这么干呢？现在的德国根本不是歌德和贝多芬的德国，这是野蛮人主宰的德国。

面对世界舆论的指责，德国政府开始为自己进行大力的辩护，他们希望证明自己不仅仅是在军事政治领域内获得支持，就连许多的作家、科学家和音乐家都支持他们的暴行。因此，德国政府特意准备了一份文件，有九十二名德国最著名的知识分子在上面签下了名字，并发表了一份支持德国军队暴行的特殊声明。爱因斯坦因为很早就对法国科学家巴斯特的"科学不分国界"的说法十分赞同，所以他拒绝在这一张分明是德国的"自辩书"上签下自己的名字。幸运的是，由于爱因斯坦并不是一个德国公民，他不签名德国政府也拿他没有办法，毕竟他们不能把一名"瑞士公民"称为叛国者。可是，许许多多的德国偏激分子却对爱因斯坦产生了强烈的不满，他们希望爱因斯坦有一天会因为对于祖国的不忠诚而付出惨重的代价。

战争期间还有另外一件令爱因斯坦深感烦恼的事情，不过，对于爱好和平的爱因斯坦来说这件事情对他并没有产生太大的影响。在战争爆发后，爱因斯坦就很难买到烟丝了，而他又是一个非常喜欢抽烟斗的人，这件事情对于他来说自然是十分苦恼的。许多年以后，他的一位朋友在回忆起某天晚上的宴会场景之时说道，怎么样才能让爱因斯坦在椅子上静静地呆坐一个小时呢？答案非常简单，就是让他嘴里叼着的烟斗一直处于放空的状态。可能是因为烟丝真的很难买到，无法真正地享受抽烟的乐趣，爱因斯坦便养成了叼空烟斗的习惯。当然，这也是艾莎管理他的日常生活起居后，给他养成的一个较好的习惯而已，毕竟抽烟要比叼一个空烟斗更有害处——为了让爱因斯坦保持一个健康的身体，艾莎曾经限制他每天抽烟斗的次数，所以爱因斯坦最终才会养成了叼空烟斗的习惯。

在艰苦的学生时代，爱因斯坦因为饥一顿饱一顿而致使胃受到了损伤，因此他一直有胃痛的顽疾。后来，在战争爆发后，他胃痛的老毛病比之前更严重了。不过，他的食欲却并没有出现太大的波动。战争已经掏空了德国，很多德国城市都难以买到食物。但他的妻子艾莎是一位天生的烹饪大师，她总是尽自己最大的努力为丈夫和孩子制作出可口而又有营养的三餐。

"我知道得很清楚，我的丈夫爱因斯坦是一位闻名全世界的大物理学家。"她微笑着说完后，又呼唤着他的小名，"可是从现在起，我们不得不买一些没有人知道该怎么打开的罐头了。一般来说，这些罐头都是我们从来没有见过的外国产品，它们不是生锈了就是扭曲了，很难打开，而且我们还没有打开罐头的工具。"

但她又一脸骄傲地说道:"不过,到目前为止,我们还没有发现爱因斯坦先生无法打开的罐头。"

在爱因斯坦想尽一切办法打开那些"难缠"的罐头时,艾莎则在一边笑呵呵地切着面包片、煮着土豆,他们一起探讨着许多的事情。有的时候,他们会讨论彼此感兴趣的书籍和音乐,并且常常谈到一些家庭琐事:玛珈给他们写信了,真是一点儿也不敢相信,之前那个可爱的小姑娘如今已经成为一个非常能干的家庭主妇了;爱因斯坦的儿子还小,现在还很难预测他们长大后会成为一个成功的科学家;爱因斯坦认为马加特刚刚制作好的泥人充分地显示了这个小女孩儿的艺术天赋⋯⋯

在那个被战火烧的一片狼藉的世界中,那位乐观且能干的家庭主妇为爱因斯坦带来了和平而安定的幸福生活,让他在繁忙中得到了慰藉。慢慢地,他开始越来越依赖她在生活上对他的照顾了。对于别人来说,他是一个非常伟大的科学家。但是对于艾莎而言,虽然她很为爱因斯坦的声誉感到骄傲,但是她认为那不过是一些虚幻的东西,他需要的是一位贤惠而又能干的妻子来照顾他和管理他,使得他能够及时用餐和不会忘记穿袜子。

艾莎居住的那个公寓里有她喜欢阅读的书籍、爱看的图画和喜欢的鲜花,感觉非常的温馨和舒适。因此,爱因斯坦在艾莎那里度过一个愉快的夜晚后,总是很不想回到他那间充斥着寂寞的凌乱房间。爱因斯坦觉得,像艾莎这样的家庭主妇是很难得的理

想妻子,虽然她对高深的物理学和数学一窍不通。

有一次,有人向爱因斯坦提问:"您的夫人是不是也懂相对论呢?"爱因斯坦微笑着回答他:他不知道自己的夫人是不是很了解相对论。他从来都不会因为无法向她分享自己的物理学理论而对她感到失望。她对物理学的无知,正好可以让他在工作疲累之余得到很好的休息。她那温暖的笑容和轻松幽默的说话方式,都能够让他在疲倦时感到舒服和振作。

艾莎很快就学会了如何在爱因斯坦需要休息时把他从堆满稿纸和书籍的桌子上拉起来,让他和一群经过"仔细挑选"的客人聊天、喝咖啡。当她感觉他不能再被打扰时,就会为他准备一盘美味的蛋糕送到他的书房,以便他能够更好地工作。艾莎对他无微不至的照顾,让他感到非常的满足。她一生中唯一一次让他感到不舒服并陷入深深的悲伤中,就是她的不幸辞世。

结婚后,爱因斯坦和艾莎住在柏林一处静谧而温馨的公寓内。贤惠能干的艾莎把家里布置得干干净净,非常的舒适。她挑选了一些很有质感的家具、淡雅的窗帘和精美的桌布,这些都显示出了这位家庭主妇的优雅品位。虽然,爱因斯坦未必会注意到这些摆设,但是他却很喜欢艾莎为他布置的书房——书房隔离了一切能够打扰他的事物,给他提供了朴素但却整洁的环境,里面整整齐齐地摆放着他的书籍和文件。

很快,爱因斯坦在柏林的家就成了很多知识分子和艺术家们

名人励志传记丛书

最喜欢的聚会场所。只要有人告诉爱因斯坦,来访的客人中有几位是音乐家,爱因斯坦马上就会走出他的书房。爱因斯坦非常讨厌参加那些正式的宴会。他觉得,在家中举办一个小型音乐会后,工作起来会更有灵感。除了音乐之外,爱因斯坦还喜欢欣赏歌剧或者是有趣的戏剧。

在柏林生活的最初几年里,爱因斯坦逐渐开始对犹太人的情况产生了兴趣。每一个被卷入第一次世界大战旋涡之中的国家都遭遇了很大的困境,而犹太人则是在战争中受伤害最大的人群。许多居住在波兰或者是乌克兰的犹太人经常被入侵的军队骚扰。很多犹太人聚集区的居民被迫集体转移,而那些来不及转移的犹太人则被残忍地杀害了,就连古老而闻名的犹太文化中心也遭到了很大的毁坏。

第一次世界大战对于犹太人来说是一场不折不扣的噩梦,但是犹太人却并没有完全陷入绝望。当英国军队征服了土耳其并占领了巴勒斯坦后,犹太人的复国愿望终于露出了一线曙光,散居在世界各地的犹太人终于意识到,为这个多灾多难的民族建立起一个国家的时候到了。因此,土耳其军队撤退时的枪声还没有完全消失,一群居住在耶路撒冷的犹太人就开始为希伯来大学埋下了奠基石。全世界的犹太学者听到这个好消息后都非常兴奋,纷纷捐款支持修建希伯来大学。此时,爱因斯坦也支持犹太人研究中心应该建立国际性精神的学说。

爱因斯坦一直都认为,科学家的"属性"应该是世界公民。他的研究成果是集合了很多个国家的科学家的思想理论而形成的,其中有德国、意大利、丹麦、英国和美国等很多个国家的科学家思想理论。所以他认为,科学家应该是无国界限制的,因为真理是存在于任何一个国家的。

爱因斯坦的"相对论"得多了很多科学家的认同。在第一次世界大战正在进行的时候,一群英国的科学家还在继续研究论证爱因斯坦的学说。虽然,当时的爱因斯坦正站在德国大学的讲台上教书,可是这群英国科学家却没有把他当成一名敌人,他们对他的学说依旧保持着浓厚的兴趣。

与那群被俄国政府关押进监狱的德国科学家相比,英国同行们在研究工作方面则要幸运很多。1917年,第一次世界大战的硝烟还未消散,英国皇家学会天文学会会长告知一些科学家们,1919年将会发生一次日全食,这是证明爱因斯坦的学说是否正确的一个好机会。等到日全食发生时,黑色的太阳正好位于非常明亮的金牛星的正中间,巴西北部的某一个地方及西非几内亚湾的一个海岛均是最好的观察地点。

那群英国科学家听到这一消息后,都觉得这真是一个难得的好机会。可是,谁又能够不受任何危险地在海上安全航行呢?因为受到德国潜艇的威胁,当时没有一艘英国船只敢离开英国的港口,除非那艘船有军舰护卫。

没有人能够准确地预测出这场罪恶的战争什么时候可以结束。但是，英国皇家学会和皇家天文学会依然对此充满了希望，他们特地组建了一个委员会，并选定了成员，购买了望远镜、照相机等所有必须具备的器材。委员会的主席由艾林顿爵士担任——作为一名热爱和平的人，艾林顿爵士并不觉得前去调查敌国科学家的理论是不爱国的行为。

1918年11月，战争终于结束了。第二年年初，英国派出了两支探测队。为什么会派遣两支探测队呢？原因是：日全食的时间非常短暂，而且还有可能因为天气情况而无法拍下日全食的全部过程。所以，英国皇家学会认为，还是派遣两支探测队分别前往两处不同的观察点拍摄日全食最为保险———处是巴西北部的布拉索地区；另一处则是位于几内亚湾的普林希普岛。艾林顿爵士率领的是第二支探测队，在日全食发生的前一个月抵达了普林希普岛。

这群英国科学家拿出了那些昂贵的望远镜（当时世界上最精确的望远镜）和照相机。当地的土著居民向眼前这些陌生而又奇怪的人提出了很多的问题。有些土著居民很担心地问道：假如太阳真的变黑了的话，那他们怎么能确定太阳还会恢复明亮呢？那层黑暗会遮蔽太阳多久？他们希望这群奇怪而又聪明的科学家能够回答他们的问题，希望不要有噩运降临在他们身上。

在日全食降临的那天黎明时分，天气十分阴沉，黑压压的乌云布满了苍穹。科学家们不由得担心起来，他们担心自己会不会白白浪费这次机会。假如在日全食发生的时候，黑压压的乌云遮住了星星，那他们的这次长途跋涉岂不是白费力气了？

根据艾林顿爵士的描述——

日全食开始的时候，月亮的黑色圆盘部分被日冕环绕，但仍然能够从云间清晰地看到——好像是在一个没有星星的晚上，月亮从云层中出现。我们没有别的办法，只能按照之前制订的计划进行，祈祷自己能够获得最好的结果。一位观察员正忙着以最快的连续动作去更换相机的底片，还有一位观察员则透过望远镜的透镜以及幕布控制着曝光的时间，以避免让望远镜产生震动……

天空中出现的景象实在是太壮观了，从后来冲洗出来的照片上看，一道火焰高高地出现在了太阳表面的几千米高空中，我们根本没有看过那种壮观景象。只是感觉地面上一会儿明亮一会儿黑暗，气氛十分的诡异，在那长达302秒的日全食发生过程中，只能听见观察员的喊叫声和计时器的滴答声。

曝光时间从2秒到10秒的时间不等，我们最后获得了16张珍贵的照片。最开始拍摄的那几张照片上看不到星星，但是在日全食快要结束的时候，云层一下子变淡了，

少数几点影子出现在了后面的几张照片上。有时候,一颗或几颗最显眼的星星被云层给遮住了,在照片上显现不出来。但是,有一张照片却很清晰地显露出了那五颗星星,这张用来做证据无疑是最理想的照片。

他们终于获得了这些非常珍贵的照片。艾林顿爵士和其他工作人员一起从这些照片中挑选出最好的几张,和伦敦所拍摄的同一星球的照片进行比较。结果发现,由于这些星星距离太阳实在太远了,因此根本不受太阳的直接引力的影响。几个月后,两支探测队都回到了伦敦,他们把各自所拍摄到的照片拿到实验室里进行仔细的研究,并且考虑了一切可能出现的错误——天文学家们用了很长一段时间严肃讨论那些可能性,负责测量这些星星的人员也一直都在为可能会随时出现的错误而担心。

1919年11月上旬的一天,大雾笼罩了整个伦敦,天文学家们参加了一项期待已久的会议,他们忘记了这令人心生烦躁的天气,都坐在会议桌前仔细地聆听着英国皇家天文协会会长读一份长长的报告。会长在报告中讲道:"两支探测队的观察结果已经证明了光呈现出1.64秒等值的偏离弧度,而爱因斯坦教授在纸笔上预测偏离弧度的等值为1.75秒。"

参加了这次大会的著名数学家艾尔弗雷德·诺思·怀特海,在会后留下了这样一篇记录:

皇家天文学会会长当众宣布，探测队所拍摄到的照片已经证实了爱因斯坦教授的预测——光线在经过太阳附近时，肯定会发生曲折。

牛顿的画像（就挂在会长的身后）提醒我们在座的每一位：最伟大的一项科学法则，在经历了漫长的两个世纪之后，终于迎来了第一次的修正……这是人类思想发展史上的一次伟大进步。

皇家天文学会会长汤姆生爵士是一位物理学家，他在演说中描述现在已经获得证实的爱因斯坦理论为"……人类思想史上最伟大的一项成就"。因为，爱因斯坦所发现的并不是一座小岛，而是科学界的一块新大陆。可以说，爱因斯坦的学说是牛顿发表"万有引力定律"以来，与其有关的最伟大发现。

1919年11月7日的黄昏，伦敦街头的巨幅广告牌上以最大号字体标出了头条新闻。街边匆匆走过的行人，透过浓雾凑着傍晚时分的昏黄灯光，看到广告牌上写着："阵亡将士纪念日，各地都宣布停火。"在那天早上，许多行人不需要别人的提醒，就会把鲜花放在无名英雄墓碑前。当他们将要把满是泪水的眼睛从广告牌上移开时，也许会稍微再看一下第二个标题："人类科学史上最伟大的革命发生了：牛顿的万有引力定律被挑战！"

爱因斯坦坐在柏林的公寓里,小心翼翼地打开一件刚刚从伦敦寄来的邮包。此时,他的家人全部围拢在他的身边,他静静地坐着,若有所思地凝望着这些星球的照片,这些照片仿佛透露出闪烁的光芒——他的学说终于被证实了。也许在知道这个好消息的那一刻,他根本就不知道这种证实对于他的意义有多大。

过了很长一段时间,他还是一句话也不说。最后,他轻声地吐出几个字:"很好,很好!"

然后,他又一次开始研究起了这些珍贵的照片。

艾莎的小女儿马加特兴奋地喊道:"棒极了,真是棒极了,现在大家都知道那是一项非常伟大的理论了,因为它已经被证实了。"

爱因斯坦摸了摸她的头,轻声地说道:"我指的并不是我的学说。我的意思是,我从来没有想到,世界上竟然有人能够拍下如此动人的照片。"

从此生活在赞美和荣誉中

"现在,他们全都盯上我了!"爱因斯坦一脸无奈地告诉妻子,"在他们眼里,我是一位电影明星,或者是一位凯旋的将军。不过,三个月后,我就会逐渐走出大家的视线,到时候就只会有物理学家前来和我谈谈,谈谈我的物理理论究竟是怎么一回事儿。"

此时，虽然爱因斯坦正确地预测出了星星在接近太阳的时候会产生什么样的反应。可是，他在这场关于他的名声的预测中，却出现了严重的失误——他预测人们很快就不会再关注他了，到时候他就可以安静地坐在书房里继续自己的研究了。

令爱因斯坦没有想到的是，各大报纸对他的持续报道一直都没有减弱，不仅刊登了关于他的相对论的一些评论，还将他的生活经历也刊登了出去，其中有很多竟然是胡乱捏造的。杂志上也出现了很多关于他的研究以及生活的长篇文章。正是因为关于爱因斯坦的报道实在是太多了，所以无论他去哪里，人们都能够一眼将他认出来。

当他的私人生活受到严重影响时，这位一向都十分友好的人，有时候也变得不友好起来了。在每日访客人数剧增的情况下，他那温和的脾气再也很难见到了。

之前，他对每一位来访的客人都表示热切的欢迎，不论是德国的大剧作家豪普曼，还是刚刚从波兰乡下走出来的穷学生，他都一视同仁。

可是现在，几乎每一个经过柏林的人都想来拜访他。有一天，一位年轻人走进了他的家门，并向他提出给他一笔丰厚的酬劳，请他为他写一篇介绍自己的文章刊登在自己的杂志上。爱因斯坦一听就火了，他咆哮着喊道："你们那份流行杂志的读者，根本不可能对我的研究理论产生一丝一毫的兴趣，而且我的生平与普通大众毫无关系。你要知道,我不是一个职业拳击手,人们压根儿就不会对我个人的琐碎生活产生太大的兴趣的。"他讲完了之后,便毫不客气地将那个年轻人轰了出去。

很快,又有一个胆子很小的小男孩跑了进来,他希望爱因斯坦能够给他一个签名。爱因斯坦和小男孩简单聊了几句后,在他的签名簿上写上了自己的名字。然后,小男孩兴高采烈地走了。"这样做真是太愚蠢了!"爱因斯坦自言自语道。可是,他又怎么忍心让一个小男孩伤心呢?

艾莎尽了自己最大的努力,从每天来访的客人中选出几位她认为丈夫不会讨厌的客人。而当某个客人获得爱因斯坦的接见时,她又要想方设法不要让访问的时间拖得太久了。因为爱因斯坦待人和善,一旦有人走进他的书房,他就不好意思将人撵出来。

一天,一位学生获得了接见。在离开的时候,他又表现出一副不想走的样子。于是,爱因斯坦友善地问道:"有什么需要我帮你的吗?不妨说来听听。"

那位年轻学生踌躇了一阵说道:"敬爱的教授,感谢您抽出宝贵的半小时来接见我。我不敢有太多的奢求,只是希望您能够送一张您的签名照片给我,我想把这张照片放在我的书桌上。在工作的时候,它也许能够给我一些动力。"

"好的,"爱因斯坦回答道:"但我也有一个条件,你一定也要给我一张你的签名照片。"

几年之后，当上述这位学生向别人说起这个故事的时候，眼中都不禁噙满了泪水。"当时，我只是一个小人物，我知道他并不是真的想要我的签名照片。可是，当我听到爱因斯坦教授那样说的时候，我真的是无比的骄傲。"

一次，爱因斯坦花了两个小时的时间倾听一位不出名的物理学家讲他的一些新理论。最后，爱因斯坦委婉地告诉他，他的新理论可能永远都无法被证明，是白浪费时间。这位物理学家的妻子一直坐在旁边，她本来是想听听爱因斯坦这样的大科学家是如何夸赞自己的丈夫的。现在，她对爱因斯坦是一点儿好感都没有了。

她怒气冲冲地质问道："我知道我丈夫的理论是没有错误的，你怎么能对他做出这样的评价呢？"

"太太，"爱因斯坦说道："我之所以能够听你丈夫的阐述，主要是因为他在物理学上还是有点造诣的，至于他那些错误的观点，他是有权利进行表述的。但我相信，我对于物理学的认识和你相差太多，所以我拒绝听你的。"

信件每天都像雪花一样飘来，多的根本看不过来。爱因斯坦的妻子只好挑选几封重要的送给丈夫，因此他不用每天都花费大量的时间去看信中所写的那些荒谬的意见。比如，有人写信给爱因斯坦，告诉他，只要能够获得爱因斯坦的协助，他就能够把煤炭的价格降下来；一个小男孩写信给爱因斯坦，请教他如何做才会成为一名探险家；对于"相对论"，许多人都有问不完的问题，有人在信中问"您能不能简短明了地介绍一下你的学说，以便我可以向我的朋友们解释一番"……不过，最多的还是索要签名。

在爱因斯坦看来，至少他是可以满足这些令人厌烦的签名行为的。他公开宣称，谁只要在信封中放上他规定数目的钱，谁就会得到他的亲笔签名照。他将所收到的钱全部转入一个基金会，资助那些生活在维也纳的战争孤儿。虽然他为这个基金会筹集的钱款数额并不像之前预想的那么多，但是却摆脱了人们不停向他索取亲笔签名的困扰。

还有许多信件是那些著名的物理学家写给他的。但是，并不是每一封来信中都同意他的理论，有些比较自负的物理学家称呼他的学说是"常识物理学"，他们甚至直言根本无法相信爱因斯坦的"相对论"。许多谴责爱因斯坦的人都是因为不肯承认他的学说的正确性；而其他很多人则是因为学术成就不及他，因此对于他获得的荣誉非常的嫉妒。爱因斯坦总是想不明白，为什么科学家也会有嫉妒之心！在学术界，科学家与科学家之间往往会产生很大的敌对，可是爱因斯坦却从来没有因为眼红别人的荣誉和地位而心生嫉妒。一位跟爱因斯坦相当熟悉的朋友这样评价他："爱因斯坦身上最杰出的地方就是他拥有的伟大人格，这和他在学术上所取得的成就根本没有半点关联。而他的人格之所以伟大，就是因为他从来不会嫉妒别人。"

爱因斯坦对于那些无法接受"相对论"这一新学说的科学家并不敌视。他很清楚,任何一个创立新学说的人,多多少少都会遭遇一些批评。他的新宇宙观在很多科学家看来,是根本无法接受的,可能需要很长一段时间,才会被他们接受。哥白尼和伽利略的学说一开始也遭到了不少学者和教会人士的谴责。所以,爱因斯坦认为,只要他愿意等待,那么总有一天大家会接受他的学说。有人曾告诉爱因斯坦,著名物理学家马赫——爱因斯坦曾经以他的学说为研究基础,进行了很多的研究——狠狠地批评了爱因斯坦的学说。爱因斯坦的回答是:"我想,那可能是因为他已经老了的缘故。"

有时候,他对于那些攻击他的学说的人不会抱有很大的耐心。很多科学家都憎恨他是一个犹太人,也是一个和平主义者。有一回,爱因斯坦在出席由他担任主讲人的柏林会议上与人发生了冲突,结果需要政府派出武装警察对他予以保护,这真是一件令人感到悲伤的事情。后来,爱因斯坦在谈起这件事时,只是淡淡地宣称,那种攻击根本就不值得回应,因为从科学的层面而言,这种攻击根本不会有任何实质性的意义。

虽然他嘴上说没有什么,但是这种攻击还是深深地伤害了他。他一直希望好战的德国人能逐渐变得热爱和平,因为德国皇帝已经流亡到了国外,这个国家已经成为一个共和国。所以,爱因斯坦认为,现在他可以恢复他之前放弃的德国公民身份了,尽管他出生的这个国家已经被战火摧残得满目疮痍。爱因斯坦认为,他可以利用他的德国公民身份以及与日俱增的名望,为这个国家的恢复带来一些好的推动作用。与其他自由派人士一样,他把对这个国家的所有希望都寄托在了新领袖的身上。不过,他也明白,在底层穷苦民众当中,一股因为憎恨而逐渐绝望的暗流也在涌动。"我现在的情况,"他说,"就好像是睡在一张铺着漂亮床单的床上,可是却受到臭虫的折磨。"

爱因斯坦的名气迅速传播到了德国以外的地区。当"相对论被证明是伟大科学发现"的新闻成为柏林报纸上的头条时,一位驻柏林的美国记者收到了纽约编辑的一封电报:"请以一千字的短文说明相对论,速回复。"

一位数学教授答应写这篇文章,结果写完之后竟然多达一万八千字,而且这位教授坚持说这篇文字没有办法再缩短了。无奈之下,那个记者只好将这篇稿子发到了纽约。纽约的十几位一流学者在看到这篇稿子之后,企图将其缩短为一篇篇幅不大的短文。可是,他们最终却发现这是一件根本无法办到的事情。纽约的那位编辑最后也决定,这篇文章的题目是很有吸引力的,这是一篇值得全文刊出的文章。

黎波·英菲曾经讲过这个时期的另外一个故事。他当时认为,在他生活的那个波兰小镇上,大约只有几个人对爱因斯坦和他的学说感兴趣。不过,由于他对爱因斯坦的"相对论"十分感兴趣,

名人励志传记丛书

于是他宣布，他要以相对论为主体公开发表一次演讲。结果，在演讲的那一天，站在寒风中的听众越来越多，最后镇政府只好宣布开放镇上最大的体育馆，以便让更多的听众不要站在寒风里。

好像世界上每一个地方的民众都想看看这位伟大的科学家，即使只有很少数的人能够真正明白这项理论的伟大意义。爱因斯坦被邀请前往荷兰演讲，并获得了莱顿大学的教授职位。当他站上莱顿大学的演讲台，向一千四百余名师生演讲时，他不禁想到了在苏黎世时的一次演讲，那时候只有两位老朋友前来捧场，想到这里他不禁哑然失笑。

他很高兴自己能重新回到布拉格。一度非常轻视捷克人的德国人和奥地利人，现在却因为战争失败而垂头丧气。这些垂头丧气的德国人非常欢迎爱因斯坦的到来，他们觉得爱因斯坦的到来给了他们尊严。当地的一家德国报纸骄傲地说道："全世界都会发现，一个能够培养出像爱因斯坦这样伟大的科学家的民族，将是永远不会受到压迫的民族。"

和往常一样，那些前来听他演讲的观众当中，有许许多多的观众只是来目睹一下这位伟大科学家的。其中一位负责安排这次演讲的人低声对身边的一位学者说道："希望您能够用一个字回答我，爱因斯坦所讲的东西到底是不是真的，或者只是骗人的鬼东西？"虽然站在演讲台上的爱因斯坦尽可能地让大家听明白他在说什么。可是，他的学说注定是无法用一个字或是一次演说就能够讲明白的。

在那天晚上举行的一次聚会上,爱因斯坦又被请上台进行讲话。他讲道:"假如我不发表讲话,而是拉一首小提琴曲的话,大家可能更愉快、更容易了解我。"说完,他拿起小提琴拉了一首莫扎特的小夜曲。一曲完毕后,他身上的疲倦感也全部消失了。

就在爱因斯坦准备离开布拉格的时候,一名年轻人兴奋地跑到他的面前请求他抽空看一看他写的一篇论文,内容是:假如以爱因斯坦的公式 $E=mc^2$ 为基础,会不会有可能汇集原子中所包含的能量,来制造产生引力的大爆炸?

"你先不要这么兴奋,"爱因斯坦对年轻人说道,"火车马上就要开了,如果我不讨论你的研究作品,你可能不会有什么损失。我想说的是,这样愚蠢的事情我干过不少,因为这样的论文我已经读了不下一百篇了。"

毫无疑问,爱因斯坦这一次的预测是错误的!因为连他自己也没有想到,在他的公式里,竟然隐藏着原子弹的种子。

爱因斯坦微笑着向这位年轻人道别,然后乘坐火车前往维也纳。抵达维也纳后,他发现,曾经十分辉煌的奥匈帝国已经变成了一座年轻的共和国,古老而又美丽的首都已经成了一座濒临死亡的城市。他在维也纳向三千多名慕名前来的听众发表演讲,听众们在他的演讲声中暂时忘记了悲哀。虽然这座他们熟知的古老世界正在他们的周围崩溃,可是爱因斯坦的声音就像是魔音,清

名人励志传记丛书

晰地为大家展示出了一个新的世界。

从维也纳回来后没多久,爱因斯坦就告诉妻子,希望她能够帮他收拾好行李。因为他将准备前往美国进行一次时间较长的旅行,这次旅行的最终目的是帮助希伯来大学募集基金。这几年里,爱因斯坦对于希伯来大学的兴趣已经大大增加。爱因斯坦根据自身的观察和体验,知道一名来自东欧的犹太学生想进入一家大学是多么困难。许许多多这样的年轻人,不论他们是多么的刻苦用功,当他们历尽千辛万苦来到柏林后,却发现这所著名的大学并不会对他们张开怀抱。那么,希伯来大学建成后,这些可怜的犹太年轻人就不会遭遇到这些问题。因此,爱因斯坦说这所大学是一座连接东方世界与西方世界的桥梁。

著名的英国化学家、多年以来一直担任犹太党领袖的威兹曼,亲自来到柏林说服爱因斯坦,请求他和他一起前往美国去募集基金。威兹曼的募集活动主要有两个目的:他希望用募集到的钱在巴勒斯坦购买一块土地,以便让更多的犹太人可以在这块土地上建立农场并在社区中工作;同时,他还打算资助希伯来大学。对此,爱因斯坦表示自己非常感兴趣。

爱因斯坦明白,随着自己的声望越来越高,美国人肯定会非常乐意参加有他加入的犹太人会议,有些时候他只需要坐在会议桌前就可以了。不过,爱因斯坦认为这种热诚的活动是非常愚蠢的,但对于帮助希伯来大学募款的事情却是很有帮助的。当然,他也急于看看美国。1921年，在启程前的一次访谈中，他告诉采访自己的美国记者："蔓延欧洲各地的国家主义风潮其实是一种病态的风潮。"他说："任何一个国家都要与其他国家进行合作，保持一种合理的关系。科学家们，尤其是美国的科学家，一定要成为超越国家主义的先驱。"

纽约民众迎接爱因斯坦的热情非常高，场面就像迎接总统、电影明星或世界著名探险家一样盛大。爱因斯坦和夫人一踏上美国国土，马上就被大批摄影记者和新闻记者所包围。每一个记者都急切地想知道关于这位伟大科学家的任何一个信息。爱因斯坦微笑着对他们说："我感觉我就像是首席女高音歌唱家。"他明白，只有少数几个学者对他的学说感兴趣，大部分人则把他看作是一个将宇宙搞得乱七八糟的人。

爱因斯坦带着他心爱的小提琴以及烟斗，顶着一头乱蓬蓬的头发站在了人们的面前，看上去就像一位音乐家。他十分耐心地倾听着人们提出的各种关于相对论的问题，比如说，这项学说能不能用简单的几句话来进行概括？这项学说在世界上真的只有十二个人了解吗？这时候，一位记者转身问爱因斯坦的夫人："夫人，也许你也了解这项理论。"

现在，艾莎已经学会了如何应对新闻记者。

"不，我一点儿都不了解。"她开玩笑地回答道，"不过，他曾经对我解释过很多次，但是我很高兴地发现，我还是不了解这项理论。"

虽然，爱因斯坦拒绝向记者们继续进行讲解。但是他却很高兴地答应可以在哥伦比亚大学进行一场关于相对论的演讲。由于他不能说一口流利的英语，所以他的演讲还是使用德语。随后，普林斯顿大学又请他去做了一场演讲，并授予了他一个荣誉学位。普林斯顿大学的校长发表了一篇德语欢迎辞，他在欢迎辞中讲道："爱因斯坦是科学家中的哥伦布，他独自驾驶着科学帆船航行过奇异的思想海洋。"

每一位德裔美国人都对这位来自祖国的访客感到荣耀和骄傲。美国的犹太人更是为他自豪，感到他为同胞争得了荣誉。当威兹曼和爱因斯坦来到克利夫兰时，城里的所有犹太商人都把自己的店铺关掉，排成一列整齐的长队，然后紧跟着他们的汽车从车站走到了市政厅。两位科学家在市政厅受到了热烈的欢迎。同往常一样，爱因斯坦并不愿意站在最前面。在一次募集资金的会议上，爱因斯坦在威兹曼教授说完话后上台讲话，他说道："你们的领袖，威兹曼博士已经讲过了，他说出了我们心中最想说的话，追随他，我们将获得成功，这就是我要讲的全部。"

这位伟大的科学家不论走到哪里，他的谦虚和单纯总是能让他结交到很多的好朋友。在他访问哈佛大学时，他便停留在物理实验室里和学生们谈话，讨论他们所从事的研究课题，并提出珍贵的意见。当他听说一位纽约市议员曾强烈反对市政府对他的热情欢迎时,他并没有觉得对方冒犯了自己,反而觉得这件事情十分的有趣。那位市议员宣称,之前曾有一位叫库克的博士给纽约市抹了黑,市政府曾花费了很多的人力和物力去举办欢迎仪式去欢迎他,结果他却欺骗了市政府。这位议员责问道:"库克博士是个大骗子,吹嘘自己曾经发现了北极。或许这个德国人也是一个大骗子,他可能并没有发现相对论。"

爱因斯坦在回国的过程中又接受了英国的邀请,决定在英国停留几天,发表几场演说。当时,英国和德国之间的矛盾依然很严重,而且英国的许多科学家还是不能接受爱因斯坦的学说。一位在英国有影响的爵士一直以来都是爱因斯坦的忠实"粉丝",他告诉那些不相信相对论的英国科学家们,他的这位朋友会在西敏寺大教堂的牛顿墓前献上一束鲜花。这位爵士还说:"18世纪最伟大的天才是牛顿,20世纪最伟大的天才则是爱因斯坦。"

英国教会领袖——坎特布里大主教,曾经读过几本与相对论有关的书,可是他始终无法了解里面究竟讲了什么。于是,他非常想要见一见这位前来访问的科学家。他很高兴地发现,在一次欢迎爱因斯坦的晚宴上,他就坐在爱因斯坦的一边。这位大主教向爱因斯坦提出了一个不但令他感到十分困惑,也会让哥白尼以及伽利略时代的教会人士深感困惑的事情,他问爱因斯坦:"您的学说对宗教到底会产生什么样的影响?"

"没有任何影响。"爱因斯坦斩钉截铁地回答道——后来,他的这一回答被广泛地引用:"相对论是纯粹科学的研究学说,与宗教一点儿关系都没有。"

同英国一样,法国也和德国有着很深的矛盾。1922年,当爱因斯坦被邀请前往巴黎进行演讲时,许多人发出了反对的声音。几位前往比利时边界迎接爱因斯坦的法国科学家听到谣言,说一些社会团体的成员正准备在巴黎火车站对付距离他们"最近的敌人",这使得这些科学家们大为恐慌。为了安全起见,他们只好先行下车,将爱因斯坦送到了旅馆里。对于爱因斯坦来说,他很高兴可以避开新闻记者们的围堵。更令他感到欣慰的是,原来聚集在火车站上的人群,并不是向他示威的群众,而是一群前来迎接他的,对他十分仰慕的年轻学生们。

不过,邀请爱因斯坦的那位委员仍然是小心翼翼的。任何一个想听他演讲的人,都要证明自己是一个只想听演讲而不想制造混乱的人,否则便得不到入场券。在那座拥挤的大厅里,还有一位非常受人尊重的巴黎市民,一位衣着十分朴素的妇人——镭的发现者、著名的女科学家居里夫人。

尽管有很多的法国科学家因为爱因斯坦是个德国人而讨厌他,甚至故意对他表示冷淡,但是爱因斯坦却觉得大多数人都很友好。很多人都在报刊上见到过他的照片,因此都能够从他那头灰蓬蓬的长发和深陷的眼窝中一眼认出他。他十分感动地发现,当他在巴黎乘坐公共汽车时,车上的工人会彼此互碰一下手肘,然后带着友好的微笑看着他。他评论说道："美国人不会是这样子的。在美国，每个人都会和你用力地握手，同时把他的名字告诉你。虽然我很快就忘记了那些名字，但是指尖上所积累下来的效果却存在了你的心上。"

当然，在巴黎也跟在纽约和伦敦一样，很多仰慕他的人也会照样问一些愚蠢的问题。这使得他根本就没有办法回答。一位漂亮的少妇就这样问他，"教授，我在报纸上看到，您的大脑应该是世界上最聪明的大脑，您说是不是呢？"

爱因斯坦十分严肃地告诉这位少妇，"我想说，这是一个非常没有科学依据的说法。"

由于爱因斯坦的请求，他去参观了战争期间被德军毁坏的地区。在距离巴黎不远的乡下，几年前用来对抗德军侵略的战壕已被填平，现在已经生长着小麦，在温润的春天里，那些小麦正充满希望地生长着。但在几千米外，却可以看到被战火毁坏的房子，以及被德军释放的毒气所毒死的枯树。

爱因斯坦和陪同人员在一处军人公墓前停了下来，爱因斯坦摘下了那顶没有形状的软帽，一脸伤感地凝视着那些似乎正在低声哭泣的十字架——黑色代表着阵亡的德国军人，白色代表着阵亡的法国军人。

爱因斯坦轻声地说道："我们应该把德国所有的学生以及全世界的学生都带到这里来看看，让他们知道战争的罪恶。"

他望着被战火焚毁的村庄和村旁的大教堂，眼睛里满含泪水。坐在返回的火车上时，他的声音带有一丝轻微的颤抖，因为他的情绪十分激动。他告诉身边的朋友："很高兴，我来到了这里。我们今天所看到的一切，平常是很难看到的。回到家里之后，我将把我今天所看到的情景告诉给每一个人。"

中国的足迹：他曾经两次到访中国

爱因斯坦被全世界关注后，接到了很多国家的巡回演讲的邀请，并且受到了全世界人民的欢迎。

当时处于内忧外患的困境下的中国，也对爱因斯坦及其相对论做出了及时的报道和介绍。早在1917年9月，在《学艺杂志》上，徐崇清就发表了一篇文章，提到了爱因斯坦的相对论。根据不完全统计，从1917年9月到1923年的上半年，中国报刊对于爱因斯坦及其相对论的报道或译文就多达百余篇，相关的书籍也有十多种。

1921年初，英国哲学家罗素在北京大学演讲，主题是关系哲学专题的系列，演讲过程中列举了很多伟人，尤其对列宁和爱因斯坦进行了高度赞扬。罗素的话极大地激发了中国知识分子对爱因斯坦及其相对论的兴趣。当时，有人发出了这样的感慨："罗素在学术极其简单的我国进行演讲后，我们几乎每个人都知道了相对论这个名词。"

在中国的知识分子推崇爱因斯坦及其相对论的热潮中，1922年1月，《少年中国》杂志刊发了有关相对论的专刊。在这期专刊里，除了几篇关于爱因斯坦和相对论的文章外，还刊登了爱因斯坦从德国柏林寄给中国读者的信和几张他自己的照片。1922年11月14日，北京大学的刊物上登出了蔡元培校长关于爱因斯坦将要来中国的消息。接着，北京大学发出举办爱因斯坦演讲的通知。同年12月，当时有名的《东方杂志》在刊发的爱因斯坦专刊上发表文章，提到只有做好知识准备，再来听爱因斯坦的演讲，才能真正了解他的学说的价值，才不会辜负他远道而来给中国听众演讲的苦心。

终于，爱因斯坦在众人的期待下来到中国，先后两次途经上海，并逗留了三天的时间。

他第一次来中国是在1922年的11月13日。

在1922年初，爱因斯坦接到了日本改造社的邀请，在11月到12月期间到日本进行了大约四周的访问。10月，爱因斯坦带着夫人艾莎从德国柏林出发，于11月9日到达香港。在香港的爱因斯坦受到了一个犹太小型团队的热烈欢迎。接着，爱因斯坦和夫人改乘日本的"北野丸"号轮船前往上海。

爱因斯坦夫妇在11月13号中午到达汇山码头，一下船就受到了人们的热情款待。来自日本改造社的代表稻垣守克夫妇、德国驻上海领事普菲斯特和夫人以及瑞典驻上海领事都与他们握手

问候。中国知识分子代表也上前向爱因斯坦夫妇致意。这时，欢迎爱因斯坦的热闹场面达到了前所未有的高潮。

在爱因斯坦访问中国的过程中，出现了不少令人激动和振奋的场景。一次，在码头上，瑞典驻上海领事当着爱因斯坦的面宣读了瑞典皇家科学院授予爱因斯坦的诺贝尔物理学奖的授奖词：

> 鉴于阿尔伯特·爱因斯坦对光电效应定律的伟大发现，以及爱因斯坦在物理学上的显著工作，特此授予他1921年度诺贝尔物理学奖。

实际上，爱因斯坦获得诺贝尔物理学奖是大家一直期望的。爱因斯坦本人得知自己获得诺贝尔奖是在乘坐轮船到达香港后，从无线广播中听到的。

汇山码头的欢迎仪式结束后，普菲斯特夫妇陪着爱因斯坦夫妇，一同前往德国驻上海的总领事馆休息。在短暂的休息过后，爱因斯坦夫妇受邀到一品香大旅社，在那里，改造社代表稻垣守克已经准备好为他们接风洗尘。位于现在西藏中路和汉口路口的一品香大旅社是上海一家历史悠久的有名的高级旅社。这家旅社名下的番菜馆宴席上的菜肴都是中国式的大菜，采取中菜西吃的方式，菜和肉的完美搭配，色香味俱全。在品尝了可口的饭菜后，爱因斯坦赞不绝口，由衷地夸奖道："拥有古老文明的国家，其菜肴烹饪也必然发达，中国就是这样的国家，不像美国那些现代国家的烹饪，就如同向炉子里加煤一样，只考虑给胃里增加了多少卡路里，完全没有艺术性可言。"吃过午餐后，爱因斯坦夫妇兴致勃勃地来到了现在上海福佑路豫园商场北侧的小世界游乐场，这里的舞台正在上演昆剧。尽管爱因斯坦对昆剧一无所知，但是听到穿着漂亮衣服的演员那高亢、嘹亮的嗓音以及看到演员们的精湛表演时，还是赞不绝口。

从小世界游乐场出来，爱因斯坦夫妇又来到了上海老城隍庙。老城隍庙也是上海历史文化景观的代表，更是西方人眼中东方文化的象征。爱因斯坦夫妇漫步在九曲桥上，又在湖心亭待了一会儿，觉得心旷神怡。随后，在德国总领事的陪同下，爱因斯坦夫妇一行乘车来到了南京路。根据当天的新闻报道，爱因斯坦下车后，立刻引起了周围中国市民的关注，不少大学生都认出了这位鼎鼎大名的科学家，他们欢呼着簇拥在爱因斯坦身边，表达了对他获奖的祝贺。还有几个大学生高喊着口号，把爱因斯坦高高地抬了起来，还有人争先恐后地想与爱因斯坦握手，并把这种接触当成荣耀。

晚上6点，受上海著名居士、书画家王震的邀请，爱因斯坦夫妇来到王震家中做客。同时应邀赴宴的还有同济大学校长，德国人维斯特夫妇、日本改造社代表稻垣守克夫妇以及大阪每日新闻社的村田等。出席宴会的还有中国知识界代表，《大公报》的经理曹谷冰和张季鸾、上海大学校长于右任、北京大学原教授张君劢博士和浙江政法学校教务长应时夫妇及其女儿。在宴会开始之前，王震为爱因斯坦夫妇展示了自己收藏多年的中国金石书画文物。爱因斯坦在欣赏之后，十分惊叹。

大家入席坐定后，上海大学校长于右任第一个起身向爱因斯坦夫妇致欢迎辞，他热情而恭敬地说："今天鄙人得以和日本改造社宴请博士，谨此代表中国青年，略述钦慕敬仰之意。博士不愧为现代人之荣耀，不仅在科学界有诸多伟大发明和贡献。中国青年倾仰学术，因此对博士非常崇敬。今天感到遗憾的是，时间仓促，不能更多地尽到地主之谊，特别是不能多听一听博士的演讲。只希望博士在日本讲学结束后，有机会再为我国青年赐教。"随即，爱因斯坦起身答谢，并由博士翻译。爱因斯坦对这次访问很有感触，他说："今天能够观赏到很多中国名画，我感到非常愉快，我特别钦佩王一亭的个人作品。推及到中国青年，我相信日后的科学界，一定会有更多的有为中国青年做出成就。"

接着，张君劢博士用德语发表致辞，进一步表达了对爱因斯坦的敬仰和崇敬之情。

在宴会上，有不少中外人士对爱因斯坦的相对论提出了很多问题，对此，爱因斯坦并没有详细解释，而是以旅途劳顿，身体疲倦为由，婉言谢绝。最后，王震的家宴于晚上9点结束。

仅仅在上海逗留了一天的时间，却让爱因斯坦感触良多。《民

名人励志传记丛书

国日报》上这样记载：爱因斯坦对朋友表示，第一次到达东方，感到非常兴奋，有很多令他惊叹的东西。这里的气候理想，空气清新，南方的天空夜晚星斗璀璨，都给他留下了深刻的印象。在很长一段时间里，他都难以忘记这段旅程。并称，他虽然在船上做了一些简单的实验，但是对于相对论的信心却更加坚定了。

11月14日的凌晨，爱因斯坦夫妇乘坐的日本"北野丸"号轮船驶离了上海，出发前往日本神户。

1922年12月27日，爱因斯坦结束了在日本的访问，在返回欧洲的途中，于12月31日的11点再次来到上海。这一次，爱因斯坦夫妇在德国领事的陪同下，游览了上海市南市的旧城。来到这里，首先映入眼帘的是一排排低矮破旧的木头房子，里面住的都是贫苦的市民。这同外国租界的高楼大厦、洋房别墅形成了鲜明的对比，如同两个截然不同的世界。爱因斯坦看到，身边不时有几辆人力车从身边掠过，他好几次看到身形高大肥胖的外国人得意地坐在人力车上，而拉着人力车的则是瘦骨嶙峋、被晒得黝黑的中国车夫，他们像奴隶一样拉着车，在街上拼尽全力地跑着。

爱因斯坦在他的日记里这样写道："太悲惨了，实在是太不公平了……在上海这个城市，表现出欧洲人同中国人社会地位的差别……欧洲人形成一个统治阶级，而中国人则是他们的奴仆。他们好像是受折磨的、鲁钝的、不开化的民族，而同他们国家伟大文明的过去好像毫无关系。"

爱因斯坦还认为,大多数中国人都肩负着沉重的负担,这实在是非常可悲。加之欧洲和中国人在社会地位上的差别,使得中国近年来爆发的许多革命实践显得更加合理。

1923年1月1日下午3点,受到上海犹太青年会和学术研究会的邀请,爱因斯坦来到了福州路17号公共租界的工部局礼堂,进行了关于相对论的演讲。礼堂内座无虚席,还有不少中国学者和青年学生。

当时,爱因斯坦是用德语发表的演讲,然后由工部局的一名工程师现场翻译成英语。实际上,在场的很多中外人士都不懂得真正高深的相对论原理,但是,爱因斯坦非凡的人格魅力征服了他们,爱因斯坦卓越的科学成就也震撼了他们。爱因斯坦的演讲非常生动,他诙谐幽默的语言和平易近人的态度感染了观众,赢得了观众阵阵雷鸣般的掌声。

演讲结束之后,张君劢博士对爱因斯坦提出一个问题,问他对心灵学的看法。当时,心灵学是由英国著名的物理学家洛奇和克鲁克斯建立的,被一些文人带到了中国。心灵学宣扬人鬼的沟通,并且有一定的影响。爱因斯坦对此的回答只有一句话:这是不值得宣扬的。

1923年1月2日上午11点,爱因斯坦夫妇乘船离开上海,结束了中国之旅。

这是爱因斯坦最后一次来中国,然而之后他依然关注并支持中国的民族解放和发展事业。到1953年,爱因斯坦已经74岁高龄了,在给J.E.斯威策的回信中,他表示,中国的哲贤在探索中国科学事业发展的道路上,取得的成就是令人惊叹的。

前往东方的新旅程

爱因斯坦对温馨的家庭生活一直很向往,同时也喜欢旅行,因为旅行能让他认识不同的人和事,带给他新的灵感。他曾经的几次旅行都给了他愉快的回忆,而在1922年,他又出发前往东方开始他的新旅程了。

因为艾尔丝和马加特没能得到允许,因此不能和父亲一起旅行,她们感到非常失望,但她们的母亲对此态度十分坚决。

在母亲看来,这两个小女孩不会感到多寂寞,因为她们在柏林拥有很多朋友。她说:"我平时照顾这个家,阻止那些客人进入你们父亲的书房,这些都让我忙得不可开交,需要出去放松一下了。更何况,现在我还要花更多的精力照顾一个大孩子呢。"说到这儿,她对着那个让她头疼的丈夫点点头,爱因斯坦不好意思地笑了。他一向喜欢自己的夫人陪伴在身边,然而他又忍不住叹了口气。因为他心里明白,这次旅行中,他的饮食起居和服装都将被夫人监督。

有一次,他忍不住抱怨道:"女人天生就跟家里的家具连接在一起，每天绕着家具打转，到处擦擦抹抹；当我跟一位女人外出旅行时，我就成了她的家具了，她每天都忍不住绕着我转，总是在我身上找各种缺点。"

对于这种揶揄，艾莎一点儿也没有放在心上，她可以举出几百个例子，表明如果她不在他身边，他会有多惊慌失措。

她一个个地举例："每当你出外演讲时，我总是得为你整理箱子。有一次，你回家后，我真是想不明白为什么箱子里的衣服总是整整齐齐的。后来，我好不容易才让你说出了实话，原来你根本就没有打开过那个箱子。事实上，你总是穿着旧得不成样子的旅行装，直接就走上台演讲去了。"

"还有一次，你在一次非常特别的会议上发表演讲，当时每个参与会议的人都盛装出席，有人忍不住问你是不是打算换成晚礼服……"

听到这儿，爱因斯坦打断了她的话，眼睛发亮地说："我对那位先生说，我并没有打算换晚礼服，我会穿着这套晚宴服上台演讲。如果他认为我应该靠衣服来赢得人们的尊敬，那干脆让我挂上一块牌子，上面写着：'这件衣服刚刚刷过'。"

但是，爱因斯坦也很明白，他的妻子确实为他省掉了很多麻烦。她可以在很短的时间内决定好消费的数目；虽然她并不明白"相对论"，但是对于简单的加减计算却十分在行。她能够很快算出总账，并且核对一遍。他很欣慰旅行期间有妻子的陪伴。在日记中，他这样写道："我在边界跟我的夫人走丢了，但是她立刻找到了我。"人们称赞爱因斯坦是20世纪最聪明的人。但是实际上，在漫长的旅行中，如果没有爱因斯坦夫人事无巨细的照顾，爱因斯坦就会茫然不知所措。

不管到什么地方，印度、中国、日本、巴勒斯坦，爱因斯坦总是受到当地人民的欢迎，他不仅被赞为世界上最优秀的科学家，也被看成是最杰出的德国人。上一次他到达上海港口时，住在当地德国学校的学生和老师都一起出来迎接他。但他当时的笑容并不那么自然，因为如果是在柏林，有些人嫉妒他的名声，有些人是反对和平主义者，他们把爱因斯坦当作外国人；而在外国，他的同胞却高唱着国歌热情地迎接他。远离家乡的德国人相信，他们的国家会受到世界上所有国家人民的拥护和欢迎。在他们看来，爱因斯坦是国际主义者，他的想法一定和他们不谋而合。

在日本时，爱因斯坦受到了如同接待皇族般的礼仪接待，接待他的天皇和皇后都十分重视这位德国科学家。皇后还带着爱因斯坦到皇宫后花园观赏那些著名的菊花。爱因斯坦很骄傲当时有他的夫人在场，因为他对花卉所知甚少，并且很快就找不到更多的形容词了。在他看来，那些菊花跟其他花卉没什么不同。但是艾莎不一样，她喜欢花卉园艺，因此当她经过花团锦簇的花海时，赞美声不绝于口。

同参加酒宴比起来，这种访问有意思得多。在为这位优秀的德国科学家举行的各种宴会中，每一道菜都要经过特别的仪式。

一天晚上，爱因斯坦对艾莎说："想想看，今天晚宴的主人告诉我，他已经写了四大册的书，都是描述喝茶时要举行的仪式的。"

艾莎听了笑着说："对你来说，这些繁文缛节应该让你相当难受吧。我猜，你也永远不能让这些人明白，为什么你洗澡和刮脸时总使用同一种香皂，特别是那些赠送了昂贵的香皂给你的仰慕者。"

爱因斯坦坚持说："用两块香皂不是会让生活太过复杂吗。如果让我浪费精力在决定使用哪一块香皂上，或者如何倒茶，那么我怎么能专心于我的科学研究工作呢？"

令他觉得有意思的是，尽管日本的很多风俗习惯在西方人看来十分怪异，但是日本人仍然从西方国家学到了对签名的狂热。访日期间，有日本人请他拿着毛笔在丝巾上签名，这让他觉得是很不适应的行为。

这个时候的爱因斯坦已经适应了摆各种姿势让摄影师拍照了。如果是在柏林，他不是把刊登自己照片的报纸丢在一边，就是出于自嘲的幽默心理，假装不认识那张被人熟知的脸。他会自嘲地问："这个又胖又丑的家伙是谁啊？"然而，不管他到哪里旅行，总会收到很多人送的礼物，这让他感激得不知如何回应。

一群可爱的日本孩子送给爱因斯坦很多礼物——一本彩色的

图画册、一条丝巾、一件刺绣，还有木刻品等。就连一向喜欢时髦家具和装饰品的艾莎都忍不住烦恼起来，因为在柏林的公寓里的东西已经够多了，她实在不知道要把这些礼物摆放在哪儿。

爱因斯坦在日本访问期间，发表了很多演说。当然，他并不会讲日语，需要有一个人把他的演说内容翻译给台下耐心的听众。后来，爱因斯坦得知，他的第一次演讲连同他完整的翻译，让台下的观众耗费了四个小时的时间。他认为，如果用日语把他的演讲翻译一遍，对于绝大多数的日本人来说，其科学思想并没有太多的意义。他决定做件好事，在第二次演讲时把时间减为两个半小时。

当他旅行到第二座城市时，他发现，陪同他的日本人越来越多，并且带着谴责的眼神看着他。对于这些仰慕者对自己带着如此无礼的态度，爱因斯坦感到很惊讶，并决定找出原因。

于是，他问自己旁边一个懂得法文的日本青年："我做错了什么吗？你们总是瞪着我，并且彼此不断交谈着什么？"

这位日本青年有些犹豫，显然并不想解释什么，但是他实在无法拒绝这位尊贵的客人，所以他告诉了爱因斯坦原因。

"其实我并不知道应该怎么说，才不会让你感觉失礼，但是既然你问了，我还是要告诉你。我们刚刚在谈论，为什么你在离开的城市里侮辱了那么多我们的同胞？"

听了这个回答，爱因斯坦更加困惑了，他想，是不是自己忽略了某些仪式？但是他一直是按照妻子对他交代的行事啊！他并没有要求那些优秀的日本音乐家再演奏一曲，这样是不是太失礼了？他并不喜欢日本音乐，在那次冗长的酒宴就要结束时，他觉得再也不想听日本音乐了。

他忍不住问道："我是怎么侮辱你们了？"

青年说："那位安排你做第二次演讲的先生，受到了深深的侮辱。那位先生说，第二次演讲并没有像第一次那样长达四个小时，因为他认为，你不尊重台下的观众，并且看不起听你演讲的各位先生。"

爱因斯坦听到后哈哈大笑，而他的日本朋友只是礼貌性地笑了笑，不过这位日本朋友始终不知道，为什么爱因斯坦会觉得如此好笑。

在返回的途中，爱因斯坦访问了巴勒斯坦。对他来说，这里是陌生的土地。但爱因斯坦却比很多现代游客更加了解这里。大多数游客只知道这里是世界三大宗教——基督教、伊斯兰教和犹太教的圣地。

在耶路撒冷的每一块石头上，都镌刻着不朽的历史和传奇。在"岩石顶端"，一位阿拉伯导游指着一块石头，无比虔诚地说："这就是把先知穆罕默德带上天堂的石头。"在它的旁边就是"哭墙"，当年的耶稣就是从这条街道的比得拉审判所出发，走向各各他。到现在，很多世界各地的观光客已经把这条街道踏平了。

也有很多世界各地的犹太人一面哭泣,一面祈祷,他们站在残余的寺庙墙壁下,祈求分散在各地的犹太人能够团聚。

在这里,爱因斯坦见识到了巴勒斯坦的新生活。他访问了医院、农业学校、幼儿园以及现代化的报社和银行。他看到新社区里的年轻男女在研究农业机械和农业技术,看到他们如何征服贫瘠的土地。他感到在希伯来大学的访问非常愉快,在特拉维夫市也同样如此。在当时,特拉维夫是世界上唯一由犹太人组成的城市,这城里的工作都是犹太人从事的。在这里,他们可以自由地选择职业,不用像在欧洲那样受压迫。然而,爱因斯坦并没有让兴奋冲昏头脑,他还是对这里的几种境况担忧,并认为这是巴勒斯坦理想化生活的不足之处。那些巴勒斯坦的教友对爱因斯坦的这种担忧痛恨不已,但是他们仍然肯定了爱因斯坦是巴勒斯坦勤劳的工作者,也是当代最伟大的犹太人。

爱因斯坦夫妇在巴勒斯坦成为英国巴勒斯坦总督萨姆尔子爵的贵宾。萨姆尔是英国皇家的代表,因此生活在尊贵的皇室家族中。每当他外出时,都要鸣礼炮致敬,不论他身在耶路撒冷的任何地方,都有骑兵在周围护送。看到这样的场面,爱因斯坦已经学会不去理睬在他看来毫无意义的繁文缛节了。但是由于长时间公开露面,妻子艾莎竟然产生了抵触的情绪。

艾莎气愤地说:"我只是一个简单的德国家庭主妇。我喜欢简单舒适的生活,在这种死气沉沉的严肃气氛里,我简直要崩溃了。我丈夫并不是一个普通大众，他可以不计较这些礼节，人们会认为他是一个天才。但是，如果我不遵守这些仪式，就会被人说我缺乏教养。"

艾莎越说越激动，"报社的记者厌倦了报道我丈夫的消息后，就开始在我身上做文章，因为我有近视的毛病，就有某个记者说我在公开宴会上，错把盘子旁边的树枝当成青菜，认为是沙拉而大吃特吃。"

爱因斯坦夫妇返回德国时，乘坐的船只沿着地中海海岸一路悠闲地航行，这让他们暂时摆脱了受人关注的社交生活，开始让自己彻底享受航海的快乐。他们到达马赛港后，艾莎着急着回家。但是爱因斯坦因为向往美丽的景色和西班牙的艺术宝藏，接受了西班牙的邀请前去访问。

在马德里大学，爱因斯坦接受了一项荣誉学位。他已经接受了很多荣誉学位，于是爱因斯坦忍不住想，这是不是国家间保持良好友谊的象征呢？在战争期间，西班牙同德国一直保持着不错的关系，那时他的同胞，少数犹太人曾经被赶出西班牙。但是西班牙的一些著名学者却推举他当西班牙学院的委员，西班牙国王阿方索十三世也曾经在皇宫里召见了他。令人费解的是，这位只知道享乐，不问国事的西班牙国王竟然十分仰慕不拘小节的爱因斯坦。

而爱因斯坦并没有因为他是国王而对他有什么特别的态度，

而是像对待每一位在旅途中认识的人一样。在爱因斯坦漫长的旅途中，他曾经见过日本天皇、皇后，也曾遇到向自己乞要小费的印度脚夫。他对待他们的态度并没有什么不同。他真诚而温和，因此赢得了很多人的认可和尊重。他从没想过要取悦任何人，一直保持着自己一贯的纯真本色。

荣耀巅峰：成为诺贝尔物理学奖得主

爱因斯坦心里明白，德国有不少嫉妒他和敌视他的人。但是当他回国后，却发现自己在德国的名声比以往更加的稳固了。造成这种境况的原因是，在他前往东方旅行的过程中，他被授予了诺贝尔物理学奖。

在当时的1921年，爱因斯坦获得的诺贝尔物理学奖是任何一个科学家、作家或者人道主义者都渴望获得的最荣耀的奖项。然而爱因斯坦并不是因为发现了相对论才获此殊荣的。诺贝尔奖项委员会认为，给这个当时广泛争议的理论一个肯定的评价还为时过早，而当前评定爱因斯坦得奖的原因是他早年在瑞士发表的一篇论文，此外，爱因斯坦在光电化以及理论物理学方面的杰出表现也值得被肯定和赞扬。虽然委员会的成员们并不肯定相对论，但是他们仍然坚称，爱因斯坦在其他方面获得的成就已经足以使他拥有科学史上永恒的地位。

除了获得这个荣耀的奖项外，爱因斯坦还得到了一笔丰厚的奖金。原本他的收入就颇丰,现在加上这笔额外的收入,就更是富足,但爱因斯坦仍然保持着一贯节俭的作风,他不懂得如何过有钱人的生活。他有一次说:"奢华的生活是得不到上帝的喜欢的。我相信,他痛恨奢侈。"只有在捐献金钱或者从事慈善事业时,爱因斯坦才显得很大方。

在获得这项荣誉之后,很多德国人把爱因斯坦当成榜样崇拜。德国战败后,全国都处于饥饿、困顿、不安的境地,而他们国家的一位教授却为他们赢得了世界的荣耀。在第一次世界大战结束后,爱因斯坦是第一位取得诺贝尔奖的德国人,这令每一位德国人都处于欣喜和骄傲的状态中。

爱因斯坦返回柏林后,仍然支持那些和平主义者,他们试图阻止恐怖战争的发生。可惜的是,他们没能成功。骄傲的德国人对法国占领鲁尔区感到十分羞耻。经济萧条引起全国上下不安,就连商人和职工都上街乞讨,绝望的人民决心反抗新日耳曼共和国的领导者,这种越来越严重的混乱局面造成的第一个受害者就是外交部部长——华特·拉森奥,他在政治斗争中牺牲了。

这个人恰好是爱因斯坦的好友。对于好友的不幸遭遇,爱因斯坦十分震惊,这个真诚而崇尚政治自由的人竟然遭到这样的待遇,他十分愤恨。他认可很多人的说法,之所以好友会遇害,是由于他支持自由主义,更因为他是犹太人。爱因斯坦相信,反犹太主义的人心理有疾病。他认为,就因为拉森奥是犹太人,那些

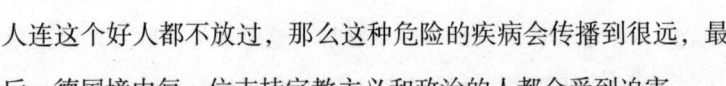

人连这个好人都不放过，那么这种危险的疾病会传播到很远，最后，德国境内每一位支持宗教主义和政治的人都会受到迫害。

在"知识促进委员会"刚成立的时候，爱因斯坦接受了世界各地著名科学家的邀请。这个委员会是"国际联盟"下属的组织，目的在于促进世界和平。然而一年后，爱因斯坦辞去了委员会中的职位。他是理想主义者，本以为能用这样的方式获得和平，然而结果却是，联盟利用自身影响力为其他强大的组织谋取利益，对弱小的国家却没有任何帮助，也不给他们提供保障。

爱因斯坦认为，要想实现国际正义，就必须坚持国际和平。如果有很多青年愿意参加国际和平的事业，就不会再有战争。他在参加"国际反战主义"时，曾经写下这样的话："我请求所有人……拒绝对战争或备战进行一切的帮助。我希望他们写信把我的决定告诉自己的政府，并通知我，他们是真的这样做了……我已经获得授权，成立了'爱因斯坦反战基金会'。"他在很多年里一直坚持用自己的声誉和大量金钱对反战基金会进行援助。

爱因斯坦的很多朋友都认为，他的这种行为并不是真正的爱国，他们宣称："想要避免我们的国家免受战争，一定要准备保护它。"而爱因斯坦认为，知识分子应该领导并建立保持和平的活动，这样才能避免战争的爆发。

然而柏林的许多科学家仍然仇视爱因斯坦，谴责他访问英国和法国，同国家的敌人保持友好关系。那些支持爱因斯坦的人也受到了同胞的谴责,原因是他们尊敬这位"伤害我们儿子的外国人"。而对于人们这种国与国之间的仇恨心理,爱因斯坦感到困扰,他本来是希望通过科学研究让这些国家更加友好。

他明白,在某些政治团体里已经出现了敌人,但民众对他的爱戴让他很欣慰。他们仍然请教他,并要求得到他的帮助。曾经有位女演员凭借着他的影响而在剧院取得成功,还有一位男子请他帮忙得到了移民美国的签证。不过,在爱因斯坦收到的信里,并不全是请求他帮助的。还有一些信是请求爱因斯坦为自己的儿子取名字的,或者是"我把我最近刚上市的雪茄取名为'相对论',相信你也会高兴"。

很多时候,忙了一天,访客上门拜访后,也是他准备拉拉小提琴或者阅读一本书的时候。他也许看看莎士比亚的某出戏剧,或者读读希腊某个作家的剧本,现在的他已经能够保持平静的心态了。或者他会再读读《堂·吉诃德》,因为他实在是很喜欢这位狂热的西班牙武士的冒险精神,很多人嘲笑堂·吉诃德,认为他很疯狂,但是爱因斯坦却把他视作偶像,因为他跟堂·吉诃德一样,有着纯真的孩子气,也是理想主义者。对这位企图挑战风车,却总是失败的高贵的武士,爱因斯坦充满了同情。

爱因斯坦喜欢穿着宽松舒适的衣服——只要能逃开夫人的眼睛——他还经常不穿袜子,随意地躺靠在椅子上。耐心聆听最近一位访客的实验,或者听一位经济学家激动地大谈避免国家遭受

名人励志传记丛书

经济崩溃的新计划，听某个兴奋的政治家讲述如何在旧社会中建立新的社会，还有一些新成立的团体会邀请爱因斯坦对他们给予帮助。有时候，会有一两位著名的音乐家到访，他就打开钢琴，拿出小提琴，在优美的音乐中找寻宁静安详。音乐通过窗户，飘向安静的街道。

有时候，他的声誉会给他的生活带来困扰。马加特结婚时，她想让爱因斯坦代替自己已逝的父亲，在婚姻注册局的仪式里，把自己交给新郎。虽然教授并不喜欢这些占有他研究时间的事情，但还是答应了。

他警告马加特说："但是你别让我戴着高高的礼帽，或者穿着大礼服，我就穿我平时舒适的衣服。不过你放心，这没什么影响，婚礼上大家只注意新郎新娘，不会注意我的。"然而报社记者却冲进了注册局，成了不请自来的吵闹的客人。爱因斯坦说错了，穿着漂亮礼服的新娘被忽略了，报社记者围在穿着舒适、宽大衣服的爱因斯坦旁边，坚持要对他做访问，他无奈地失去了宝贵的时间，觉得这种事非常厌烦，最后好不容易溜出了注册局。

他喃喃地说："为什么人们总是对我的生活如此关注？"

也许没人能解释原因，人们不厌其烦地在报纸或杂志上阅读有关他日常生活的报道，随处可见他的照片，德国历史上都很少有能引起全世界这样关注的人。罗素评论说："每个人都知道爱因斯坦的惊人成就，但很少有人知道他到底取得了什么成就。"

或者这位英国哲学家给出了爱因斯坦广受欢迎的答案——人们对他的成就所知甚少,甚至一无所知,但他却像魔一样吸引着人们的注意力,人们对他本人的兴趣甚至超过了他那神秘成就。

艾莎站在丈夫身后默默保护着他。在一次访问中,艾莎说:"要做好这个人的妻子可一点不容易。他很倔强,也像个小孩子,必须好好管住他,但又不能让他发觉我在管他。"

艾莎不得不从无数访客中挑选他愿意接见的客人。当他胃病发作时,还要亲手为他烹饪能吃的食物。她督促他规律睡眠并保持运动。她跟担任他秘书多年的海伦·杜卡斯一起处理他的很多来信,把应该由他亲手拆阅的信件整理出来,来自外国的需要翻译的信件另放一边,这个工作往往会花费一整天的时间,艾莎被迫放弃了自己的阅读、音乐以及社会工作。

在一次访问中她说:"他比我重要,虽然照顾这个著名的科学家并不容易,但也有很多乐趣。"

或许,艾莎对丈夫最大的服务就是能够巧妙地令他不要在书房研究太长的时间。每当爱因斯坦坐在那种惯坐的椅子上时,就全然忘记了时间。有位天文学家告诉爱因斯坦,他每天的工作时间长达八到十小时,爱因斯坦回答说:"我没有工作那么久,我认为我们每天工作时间不超过五小时。"可是他在离开书房后,脑袋里仍会继续思考问题。

他对计算的工作十分专注,以至于甚至无法回答普通的问题。

当他正在思考跟研究工作有关的问题时，如果有人打扰他，会让他吓一跳。

他常在妻子的监督下外出散步，最后走得忘记了回家。天气的变化似乎对他没有任何影响，他喜欢一边散步，一边任由雨点打在自己的脸上。

很多时候，他一回到家就冲进书房，因为在散步的路上，他刚解决了一个问题，急于立刻写在纸上。

现在的马加特成了职业雕刻家，曾在巴黎、柏林和伦敦展出过作品，并且得到了广泛的赞扬。爱因斯坦也是一位艺术爱好者，因此常陪着继女参观柏林艺廊。参观艺廊或者观看戏剧，这些成了他主要的消遣。

此外，他还很喜欢音乐，尤其喜欢小提琴。一次，他受邀前去德国一个小镇举行的慈善会演奏小提琴。当地的一名记者询问这位来访的演奏家是谁。被问的这个人十分惊讶，德国竟然还有人不认识这位诺贝尔奖的获得者，他说："你竟然不认识他，他就是鼎鼎大名的爱因斯坦。"

在自认为掌握了足够的资料后，这个记者在第二天的报纸上刊登了这样的文章：这位伟大的音乐家爱因斯坦表现出的演奏才华是令人惊叹的。接着又说，"另外一些所谓的演奏天才如果昨晚在场聆听这位大师的演奏的话，一定会吓得脸色苍白。"

在读到这篇特殊的评论后，爱因斯坦哈哈大笑。虽然他从来不曾炫耀自己的荣耀和地位,但这次却拿了剪报给别人看。在他看来,这是个十分有趣的笑话——世界上最伟大的小提琴家海菲兹打算放弃音乐,改为学习'相对论'了,因为爱因斯坦看起来打算放弃物理学习小提琴了。

在慕尼黑求学时,爱因斯坦就对游戏或者其他方式的运动不感兴趣。在年龄渐长后,他却对航海产生了兴趣。后来他从他的仰慕者送给他的游艇上找到了很大的乐趣。那艘游艇是根据爱因斯坦的兴趣制造的,他穿着他的皮质运动夹克,在游艇上度过了很多快乐的时光。有时他还邀请几个要好的朋友一起出海,但大多数时候他是独自出海。

在他五十岁生日那天,他得到了来自世界各地仰慕者的祝福电话。他很高兴,因为艾莎已经同意,由于他身体原因,取消了公开举行的庆祝会。在过去的几年中,爱因斯坦因从事过多的工作而体力不支。到达瑞士的时候,他给一所疗养院的年轻人发表了演说。这些年轻人因为患病而与外面隔绝,而爱因斯坦为他们枯燥的生活注入了新的活力。

但是,在那次瑞士之旅中他得了严重的心脏病,并为此在床上躺了四个月。他不得不暂时放弃讲学,以及为国际和平做努力,这是很困难的。然而,这段时间并不长,他仍然可以在床上研究他的核场能问题。他还用他敏锐的科学好奇心问了医生很多医疗的问题,这让医生哭笑不得,只好随便说出几个有趣的事来哄他,而不必费神去思考问题的合理答案。

1929年3月14日,爱因斯坦一家人决定享受一次家庭的乐趣。艾莎总是抱怨没有私人的生活,"我们不能上餐馆、戏院或者旅社。我们走到哪里都有很多人关注,让人不自在。"她向一个朋友请求帮助,这个朋友在柏林附近的哈维河拥有很大的产业。他答应把园丁的小屋租给爱因斯坦用,因为那里相当隐蔽,附近还有个小湖泊。爱因斯坦的这次家庭计划是:驾驶游艇,在宁静安详的气氛里休息,弹奏风琴。

接连几天,柏林公寓里接到了很多卡片和电报,都是向这位"国家英雄"致敬的。送来卡片的有:德国总理、政府官员、各国科学家以及受到他帮助的团队领袖,当然,还有很多爱因斯坦的朋友。然而,最令他高兴的是,送卡片的人中还有很多谦卑的未署名字的仰慕者,一些学生、缝衣女之类的普通劳动者。有一张纸条上附带着一包烟丝,纸条的主人告诉他,他现在失业了,存了几分钱买了这个礼物,虽然礼物很小,但是烟丝却来自很好的田地。

爱因斯坦欣慰地感叹道:"太好了,至少他知道我是做什么的。"在他没有向皇室和世界各地的科学家回信表示谢意前,他就提笔向这个送简单礼物的主人写了感谢信。

还有一封从美国寄来的信令他很高兴。当地的一些犹太复国主义者募集了钱款,但并不是为了给爱因斯坦购买礼物,而是准备在巴勒斯坦种植一些小树丛，并以爱因斯坦的名字为树木命名。马加特送给爱因斯坦的礼物是一个蜡像，这也让他非常高兴。还有一个礼物让爱因斯坦十分珍惜，就是一台显微镜，爱因斯坦看着它就像小孩子一样兴奋而急迫，他刺破手指，透过显微镜观察血滴。

艾莎把花插在餐桌上的花瓶里，餐桌上还有她为丈夫准备的汤、鱼和馅饼。她觉得过意不去，因为她必须禁止爱因斯坦喝酒和咖啡。她想让人送几瓶葡萄酒到柏林公寓，但一想到爱因斯坦刚刚生过病，无法享受美酒，就作罢了。

生日宴会的嘉宾有马加特和艾尔丝以及她们的丈夫，大家笑着讲故事，并一起祝福这位生日的主角。

爱因斯坦忍不住说："德国人简直对我太好了！"

不仅是极少数德国人，就连整个德国都在为爱因斯坦庆祝他五十岁的生日，并向他表达最高敬意。柏林的郊区波茨坦附近的小山上，高耸着一座现代化的塔式建筑，用来观测星辰，这个天文台就是以爱因斯坦的名字命名的。为了对他表示敬意，这里举行盛大的仪式，并安置了爱因斯坦的半身像。

但是，柏林市政府赠送给爱因斯坦的礼物却让他苦恼不已。因为人们都知道爱因斯坦喜欢驾驶游艇，于是柏林市政府送给他一处靠近哈维尔河的小产业。这里的产业包括一幢漂亮的房子，是过暑假再好不过的理想地点。爱因斯坦一家都很高兴，柏林市民从报纸上看到这则消息羡慕不已,也觉得这是带给他们无限荣耀的科学家的最好的礼物。

但是,原本住在哈维尔河这幢房子里的居民并不高兴。当艾莎前去看这幢房子时,他们显得并不热心。他们告诉她,柏林市政府买下他们居所附近的小公园时,曾经保证他们可以继续居住在自己的房子里,并且可以想住多久就住多久。他们表示会住很久,并且不想搬出去,即使为了取悦这位科学家,他们也不想舍弃房子。

市政府对于无法买下房子赠送给爱因斯坦的事感到难为情,于是提议在公园附近建造几栋房子,那里风景宜人,靠近湖泊,适合喜欢驾驶游艇的人。市议员说,由于他们并没有计划盖新房子,所以爱因斯坦可以自己建造房子。

而爱因斯坦一家同意后,湖边房子的主人却不同意了,他们宣称市政府答应他们不在湖边建造房屋。他们似乎担心,再盖其他房子会破坏湖边的景色。

市政府为了确保赠送的土地真正属于自己,便询问爱因斯坦是否可以自己选择一块适合的、并且能出售的土地,然后政府会买下来赠送给他。

爱因斯坦对生意并不在行,他开始怀疑为什么一向高效处事的政府会如此拖泥带水地处理这件事?他有些无奈地告诉妻子,自己要选一块妻子喜欢的土地,并且一定要靠近水边。后来艾莎选定了一处距离柏林不远的卡普斯村的地方，市政府很快同意，也认为她的选择十分合理。

但事情并没有结束。市政府的一名代表（他是民族主义的代表，而爱因斯坦一直反对这个党派）发表了一篇声明，谴责爱因斯坦不应该接受这样贵重的礼物。而市政府里仰慕爱因斯坦的人却持反对意见。后来引发了一场政治争论，并演变到了报纸上。市政府不得不匆忙做出决定，准备在下次会议上再讨论。

这个时候，就连爱因斯坦也忍不住发脾气了。他开始明白，即使柏林很多有地位的人站在自己一边，但是议会的敌人一定是从一开始就反对自己接受这份礼物。于是他推开桌上的文件，写了一封信："尊敬的市长先生，人的生命并不长久，而政府办事却没有效率。如果我遵照你们的方法，可能我的生命过于短暂，无法享受。我谨此感谢你们的好意，现在生日已经过去，我对你们的美意心领了，请不要再提礼物的事。"

为了避免自己成为政治争论的对象，也为了尽快结束这件事，爱因斯坦自己掏钱买下了那块土地，并花钱建造了一幢简单的房子。同很多柏林人一样，他觉得报纸上关于此事的漫画十分有趣，画的是自己、那幢房子，以及"无奈的市政府"，正是因为它做事没有效率，才得到了这个称谓。

在卡普斯的房子是纯家庭式的建筑，艾莎把它布置得简单舒适，同优雅的柏林公寓截然不同，爱因斯坦选择了楼下的一个房间作为书房、卧室和工作间，四面都是书。他的书桌前就是窗子，只要抬起头就能看到外面的美景。

只需花几分钟的时间就能走到码头，而他的礼物游艇就停在那里。当他出海时，只有一件事会让他不高兴——其他船上不认识的人总会驶近并对他拍照。但是村民没有向他索要签名或照片，这让他很高兴。而村民对这位开朗、衣着简单的教授也产生了好感。每当他走进村子，他的银发被风吹起，他愉快地打招呼："你们好！"他经常停下来跟小孩聊天，并摸摸他们的头。

爱因斯坦夫妇深爱着这房子四周美丽的景色，艾莎曾对朋友说："虽然我们花掉了大部分积蓄，但是我们有了自己的土地和财产，我们有很大的安全感。"

相比丈夫，艾莎更有信心。而爱因斯坦则很少谈到对德国以及整个世界的恐惧。在世界各国签署《凡尔赛和约》后，真正的和平一直没有到来。当他从东方旅行回来后，才知道在马赛街头说德语是件危险的事，这让他很难过。法国人和德国人互相攻击，而德国城市里的不安气氛越来越浓重，这怎能让人感到安全？

在那次漫长而愉快的旅行结束后，爱因斯坦一直惦念着这场即将来到的风暴，但是他现在转过头平静地对妻子说："一切都仿佛一场梦！在我们梦醒之前，还是好好享受一切吧！"

再一次前往美利坚合众国

1930年,爱因斯坦博士受到邀请,前往美国加州巴萨迪那的研究技术学院,并在那里逗留几个月。在这里,美国和一些欧洲科学家每年都会聚集在一起,交流各自研究范围内的观念以及对未来发展的看法。爱因斯坦十分期待同艾伯特·米契尔森博士的会面,这位博士现在已经是七十八岁高龄了,但仍然对研究工作十分热衷。他的有关光波的研究被证明许多年前对爱因斯坦产生重要的影响,因此,中年的爱因斯坦十分崇拜这位美国的物理学家。

爱因斯坦夫妇准备前往北美大陆,登上"贝尔京兰号"时,他们惊讶地发现船的主人把船上最豪华的房间分给他们使用。那些发光的酒杯、豪华的家具、巨大的果盘和漂亮的花瓶并没有让爱因斯坦心情愉悦。他转过头对妻子说:"这是不对的,艾莎,让我跟那些工人一起旅行,这样我会更开心。跟这些昂贵的家具待在一起,我觉得难过。我们去告诉他们,给我们换一间简单的房间。"

跟往常一样,艾莎劝住了他。她说:"船的主人是为了对你表示敬意才这样做的,你是他尊贵的客人,如果你坚持要换简单的房间,会伤害他的自尊心。"

的确如此,他一直不喜欢让别人的情感受到伤害,爱因斯坦有些担心地告诉妻子,不要冒犯了这些可爱的美国人。因为上船前,他曾发表声明说,在纽约短暂的旅行中拒绝接受一切邀请。并表示此次旅行是去休养和研究的,不是参加宴会的。并且,他用罕见的坚定语气表示,拒绝一切采访。

在航行途中,爱因斯坦接受要求,通过广播向美国民众发表声明,他说:"十年后,我踏上美国的土地,我脑中所想的是,贵国经过无数努力,在世界取得了重要的地位……贵国今天的政治和经济实力变得更加强大。"

爱因斯坦认为这个声明能够满足民众,也不会有报纸再对他报道了。然而,他刚下船就被一群兴奋的记者围住。在他看来,这些记者好像一群野狼,每个人都想咬他一口。而这位尊贵的访客也十分显眼——他的银发随风飘扬,眼睛炯炯有神,有时愉快地眨眼,有时陷入沉思,皱纹布满了高高的额头,脸上的表情十分怪异,集合了聪明睿智和天真。

艾莎花了很大的心思打扮自己的丈夫。他穿着黑西装,白衬衫,老式的褶纹,有些类似于艺术形式的外套,头戴一顶黑色宽帽。这些"野狼"盯着爱因斯坦,而爱因斯坦却皱着眉头看着这群"野狼"。

连思维敏捷的艾莎都无法赶走这些人,爱因斯坦终于承认失败,他带着微笑,接受了十五分钟的采访。记者的问题快速而激烈。

一个记者问:"您能否用一句话概括相对论?"爱因斯坦笑着说:"恐怕花上三天时间也无法给它做出简短的定义。"

"您为什么没带小提琴？"

"我们沿途经过巴拿马运河，我担心那里潮湿的气候会影响它。"

一个新闻记者问："你在美国过得快乐吗？"

"如果你们让我有时间看看美国，我会更高兴。"爱因斯坦笑着说，"你们这些先生总是挤在我旁边，我只能从你们头顶看到一点天空的景色。"

接着，艾莎看看表说："十五分钟到了。"

一个记者抢着问："再问一个问题，你是否认为美国妇女……"

爱因斯坦突然说："问题到此为止，就算是母牛也有奶水被挤尽的时候，你们快把我榨干了！"他试图从拥挤的人群中走出去。记者收起笔记本，而摄影师却抬高了照相机，挤到他身边说："请笑一下。"接着相机"咔咔"作响。一位摄影师把上次爱因斯坦访美的照片给他看，爱因斯坦开玩笑地说："你们冲洗得真快。"接着，他迅速推开人群，冲进了自己的房间。

一个记者紧随其后，并轻轻敲打他的房门。爱因斯坦轻声说："走开吧！"就像一个调皮的孩子说的话，"拜托，请离开吧！"

"抱歉打扰你，"这个年轻人说，"但我刚刚来晚了，错过了您的采访。如果明天纽约的每家报纸都有您的消息，而我没有——天啊，我会被炒鱿鱼的。"

"你真讨厌，但我不希望因为我的原因让你有麻烦。"爱因斯坦说,"进来吧,我会回答你那些蠢问题的。"

还没等他关上门,另一个年轻人也挤了进来,在爱因斯坦接受采访时,他一直在为他画素描,然后这个画家给他看自己的作品,并请求他签名。爱因斯坦犹豫了一会儿。他很生气,他一直很痛恨素描,但喜欢写写打油诗,这时他忍不住写了起来。

他借了一支笔,在画纸上快速写下了一段评论:"你看到的石头肥猪也许就是爱因斯坦教授本人。"

两个年轻人开心地走了,爱因斯坦转过身对妻子调皮一笑。然后叹了口气:"我还说不接受采访呢,看来我无法过一个安静的假期了。"

果然,这个假期十分累人,最开始是在市政厅的一次欢迎会上。市长华克、德国领事洛克菲勒、哥伦比亚大学校长巴特勒博士参加了聚会。

巴特勒在致辞时,描述这位科学家为世界树立了"智慧的灯塔"。巴特勒强调国际主义的言论让爱因斯坦很高兴。

他说:"人类总是急于寻找光明和领袖,这样才能更好地处理人的危机。现在,我们举手向这位伟大的人士致敬,这位思想的国王和他神秘的思想、关系和方式有直接关系,也只有天才才能完全理解并遵循。"

巴特勒校长向众人说,爱因斯坦拒绝了在哥伦比亚大学任教的邀请,因为他思念故乡,而德国领事在听到这段话时忍不住露

名人励志传记丛书

出骄傲的神情。当乐队奏起德国国歌时爱因斯坦突然怀念起故乡。他虽然对德国越来越明显的军国主义倾向痛恨不已,但那一刻,他觉得德国是他永远的家乡。

爱因斯坦本以为,在纽约这个大城市里,自己不会引起注意,但是,照相机围着他"咔咔"作响,不论走到哪儿,都有一大群人围在身边。他参观大都会艺术博物馆时,身后紧跟着一大批群众,以至于他根本无法好好欣赏博物馆里的艺术品。他前往唐人街时也遇到了同样的问题。去欣赏歌剧,吸引观众的不是台上的演员,而是他。在表演时,观众都站起来欢呼,让爱因斯坦不得不在包厢里站起来,跟观众挥手。

在巴萨迪那,爱因斯坦夫妇过得很开心,在这里,他们终于获得了片刻的宁静。他们喜欢加州的每样东西,跟柏林阴冷的冬天不同,这里的天气良好,美丽的太平洋景色让人心旷神怡。爱因斯坦开心地发现,他在加州可以安静地工作,不必离开书房参加烦人的宴会。

一些富人无法理解教授渴望独居的心理,然而教授懂得怎么用英文和其他语言拒绝他们。

一位社交界的名媛邀请爱因斯坦做客,想以此增加自己的荣耀。

她问:"周一可以吗?"

他老实回答:"周一我有约。"他不喜欢说谎。

"那么,周二呢,或者周三?"她有些着急。

"周二和周三我要去学校开会。"

"多可惜,你不能改个日子吗?"

爱因斯坦无奈地摇头。

"不过,"她还是充满希望地说,"也许你周五晚上有空。"

爱因斯坦耐心地回答:"周五晚上我答应陪我的朋友米契尔博士去威尔逊天文台,我们会观察星星。"

这位女士并没有作罢:"但是,你知道吗,加州这个时候是雨季,周五晚上可能会下雨,到时候,如果你不去观察星星,应该能来我的宴会。"

爱因斯坦笑得很开心,即使那位女士也明白他在开玩笑。他肯定地说:"不会下雨,米契尔博士都安排好了。"

他不会拒绝跟几个知己在晚上享受音乐的时间。他不常看电影,但很欣赏《城市之光》这部电影,他曾以这部电影的制片人以及卓别林的贵客的身份参加首映典礼。他也抽出时间同其他教授私谈,特别是米利康博士,他是米契尔博士的学生。

米利康出生在伊利诺伊的一个小镇,现在在芝加哥大学担任教授,从事电子学的研究。1922年,因为在 X 光上的重要发现获得了诺贝尔奖。他现在是加州研究所所长,因此他很有办法解决各国科学家的困难。在他的热情款待下,爱因斯坦感到十分舒服。

此外，艾莎也十分喜欢在巴萨迪那的生活。她喜欢花，而加州南部四季常青的花园让她非常惊叹。在这里她的社交要少得多，也更有时间跟朋友外出游览。

在一篇她投给美国家庭杂志的文章中，她提到了她的新邻居。她提到，这里的家务劳动都有机器操作，省下了不少麻烦，这一点让她惊奇。她还提到在巴萨迪那购物的乐趣："一家商店里的货品应有尽有，每样东西都清楚地标上价格。"她肯定了美国妇女在社会工作中的贡献，赞扬她们大方地鼓励年轻学生或作家对艺术的兴趣。

跟丈夫一样，艾莎在即将离开美国时感到很惆怅。各地送来各种各样的礼物，成篓的柚子和橘子，这是南加州的特产，亚利桑那州的漂亮化石以及仙人掌——赠送者说他们回到德国后仍然可以移植它。还有人送了几把小提琴，有一把价值高达3.3万美元，但被爱因斯坦婉拒了。他认为这种高级小提琴应该由大师演奏。他对自己收到的昂贵礼物感到困惑。有位好心的英国地主因为听说爱因斯坦喜欢吃烤羊肉，竟然从英国寄了半头羊到巴萨迪那。爱因斯坦想不明白，为什么连陌生人都对他如此热情。

在离别的声明里，爱因斯坦提到，美国是构建民主政治的重要基础。这句话让一个记者从中得到启发，在爱因斯坦上船前，这个记者问他有关德国的政治情况。爱因斯坦思索了一下，谨慎地回答，他从来不想参与德国政治，但还不至于只待在实验室不问世事，以至忽略了国家动乱的事实。但他担心自己的言论会被人误解，因此拒绝讨论德国政治。

第四章

永不放弃的伟大战斗者

不幸的遭遇：成为纳粹的迫害对象

1931年夏天，爱因斯坦在德国度过了夏天，在秋天到来时，他再次前往美国，访问了加州技术学院。1932年春天结束访问，回到德国。

当得知最新的选举消息时，他非常吃惊。魏玛共和国的新总统是并不年轻的兴登堡元帅。因为"一战"的胜利，不少群众都视他为英雄，但崇尚自由民主的德国人感到很不安。因为兴登堡和他的同党反对共和制，他们担心这位总统会加强军备，夺走人民的自由。

到秋天时，爱因斯坦受邀，第三次前往巴萨迪那，准备在那里过冬。擅长做家务的艾莎在卡普斯把漂亮的屋子打扫干净，收拾好东西，关好房门。她从一个房间穿梭到另一个房间，把餐具摆放整齐，锁好碗橱柜，把用不着的衣服收起来。她的丈夫有时在湖面驾驶游艇，有时在书房里看书待上好几个小时，眼睛看着窗外的大树。

最后，艾莎关上最后一扇窗子，抽出大门的钥匙，夫妇两人相伴走下小山，朝村子走去。

爱因斯坦突然转过身，面色沉重地看着那曾带给他很多欢乐的小屋。

艾莎有些焦急："怎么了，如果不快点，我们就赶不上去城里的火车了。"

"我们就要离开这里了，"爱因斯坦说，"我想好好看它一眼。"

艾莎忍不住问："为什么？"

"我有种预感，我们再也看不到它了。"爱因斯坦说。

他们走向车站时，艾莎心里想，除了相对论，我还真有点不明白我的先生呢！

但是年底到来时，艾莎明白了丈夫的担忧。1933年，兴登堡任命希特勒担任德国总理。这时，艾莎开始佩服丈夫的决定了，回国并不是个好主意。

即使为祖国带来了很多荣耀，现在德国也已经不是个让他感觉安全的地方了。希特勒认为爱因斯坦犯下了几个不能原谅的罪行：他主张和平，是国际主义者，也是犹太人。希特勒认为那些企图和凡尔赛缔结联盟的国家友好相处的德国人都是叛徒。

希特勒的著作《我的奋斗》成为纳粹党的经典，他在书中对犹太人大加指责，并以一种仇恨的心理促使纳粹党更加强大。

虽然爱因斯坦曾帮助同胞建立巴勒斯坦，但他并不认为自己是某个宗教的信徒。他曾发表声明："世界上没有比服务人类更伟大的宗教了。全世界的人都肩负着生命的使命。只有对人类公平才是最大的福祉，不管什么人种，肤色如何，不管是何种宗教……真正的宗教是真实的生活在善良和正义中的。"

对于希特勒及其党羽而言，爱因斯坦是个不折不扣的犹太人。再加上他声名显赫，因此成为德国第一位受攻击的科学家。那些长久以来嫉妒他的科学家在纳粹党的鼓励下谴责他的理论是"犹太物理学"。

1935年，反对爱因斯坦的主要人物雷纳德博士宣称："我们必须承认，虽然德国人在知识上不如某些犹太人，但是我们不会跟随犹太人的脚步，德国人必须自己找到出路，走出黑暗。"演说完毕后，他照例做了个标准的纳粹式敬礼，并且高呼"希特勒万岁"。

所有德国大学都开始做"种族整肃"，发展到后来，参加过德国及其联盟国的犹太籍教授甚至无法保住自己的职位，他们无一例外地被免职，连娶了犹太人做老婆的教授也无一幸免。虽然有少数知识分子大呼不公,但大多数人保持沉默,甚至有些幸灾乐祸的意味。

在美国的爱因斯坦听说了希特勒的种种疯狂计划,同德国领事会面。德国领事把政府公平对待纳粹公民的谎言重复了一遍:"如果你没犯错,那么你在世界上哪里都是一样的。"

爱因斯坦礼貌地回答:"我不同意你的说法,我只想留在政治自由,并且法律平等的自由国家里。但是,德国目前不是这样的。"

领事馆的一名官员紧随爱因斯坦离开办公室后,紧张地低声说:"领事先生这样说,是为了自己的职责。我认为,你不回去是很明智的决定。"

对他的警告,爱因斯坦很感激。然而祖国的情况如此恶劣,崇尚自由的人甚至无法留在国内了吗?他觉得必须确定这个事实,才能公开谴责德国政府。

于是当记者问起德国迫害科学家的行动时,爱因斯坦并没有说太多,但他表示,他是不会住在一个失去言论自由,只有种族和宗教歧视的国家里的。

流亡岁月:被迫前往比利时

1933年,爱因斯坦夫妇离开美国,来到比利时海边的避暑胜地科克奎的一处舒适住宅。不久马加特也来到了这里。婚后她继

续着雕刻的工作，并在布里吉斯上课。

比利时国王是爱因斯坦的崇拜者，常邀请他来王宫做客。两人无话不谈，从登山一直到谈到世界和平。而伊丽莎白王后则是一位优秀的音乐家，曾经跟随音乐大师伊莎叶学习小提琴。

爱因斯坦和另外两名小提琴手同王后一起组成了四重奏乐队。伊丽莎白王后也是一位雕刻家，她常把自己的作品拿给爱因斯坦看，爱因斯坦认真地告诉他："您真不愧是一位热爱艺术的王后。"这种赞赏让她十分高兴。

在比利时这个友好和平的国家，虽然每天都有恐怖的消息传来，但爱因斯坦每天都过得很快乐。

他犹豫着自己是要辞去柏林学院的职位，还是等待被逐出学院。普朗克博士邀请他前往柏林。普朗克博士身居高位，权势很大，他不是犹太人，也未曾发表过对纳粹不利的言论，因此得以保住地位。爱因斯坦相信如果请他帮助会让他陷入为难境地，因此，他写信到柏林，请辞在学院的职务。

学院的院士们并不希望他辞去职务，他们一直以他为骄傲。一位教授忍不住问："为什么优秀的科学院士一定是思想激烈的德国人？我们一定要做武力下屈服的懦夫吗？"

然而在1933年，德国知识分子中还是出现了很多懦夫。纳粹报纸不断谴责爱因斯坦，宣称他背叛了祖国。学院为了表示忠诚，公开发表声明，宣布断绝同爱因斯坦的一切关系。

爱因斯坦认为他必须为自己辩护。他写道："对那些德国写我不忠的报道，我并不知情。我已经注意到德国新政府发表的一些声明并予以评论，尤其是企图毁灭犹太人的事情……报纸做出对我不利的报道，而学院的声明助长了这个势头。"

一位学院的学员代表说，即使爱因斯坦不曾侮辱德国，但身为学院的一员，就应该为祖国辩护，这是他的责任。流亡在外的爱因斯坦知道再争论下去没有意义，觉得自己十分衰老，并且很泄气，于是提笔给曾经的同事写了告别信。

他说："如果让我说'好话'，就等于终结我追求自由和公平的权利，这样的'证词'对德国人并没有好处，只会破坏德国人在文明世界建立的荣耀地位所必备的四项原则。因此我更确信我辞去职务是正确的。"

爱因斯坦曾经公开指责苏联，现在却被看成共产党员，被指控在卡普斯的房子里收藏很多武器，提供给共产党。当纳粹警察闯进卡普斯的小屋时，只搜出了书籍和家具，而爱因斯坦花费大量积蓄建造的这座小屋以及在柏林的存款则全被没收。

然而即使在纳粹德国，想要消除爱因斯坦的影响力也是不可能的，一些胆小的教授上课时甚至不敢提他的名字，而讨论时却避免不了"相对论"，因此这些学者总是很为难。他们不知道如何把学科思想和纳粹的政治思想分开。

即使没人真正指出犹太科学家的罪证，他们还是被赶出了德国大学。不支持纳粹做法的非犹太人也遭到了迫害。普朗克希望用自己的影响力保护犹太科学家，他希望纳粹的浪潮尽早过去，这些为德国带来荣耀的科学家能免受伤害，为此，他希望会见希特勒，结果遭到拒绝。犹太人被迫害的程度也越来越深。

一开始，爱因斯坦的朋友认为这场暴风雨很快就会过去，教授可以安全回国，然而这些心存希望的人最后不得不承认，德国已经成了疯子的聚集地。当年爱因斯坦因为对德国的忠诚而恢复公民权，这是个错误，如果他继续保持瑞士的公民权，就会保住他的财产。

艾莎勇敢地说："我不会因为被抢走了可爱的房子和存款而忧虑，我们应该感谢我们的女儿女婿都逃出了德国，比利时政府也会帮助我们的。"

不断被流言困扰，艾莎越来越焦虑，有报道说，纳粹组织已经提供五千美元征求刺杀爱因斯坦的人。对此，爱因斯坦哈哈一笑："我的脑袋竟然这么值钱！"但艾莎笑不出来，她知道德国的纳粹在欧洲活动频繁，幸亏比利时政府答应保护他们，才让她稍稍放松。

一次，替爱因斯坦写传记的物理学家菲利普·佛兰克准备去拜访他，但他不知道爱因斯坦的住所，于是到达科克奎后向路人打听，路人很快给出了详细的路线。佛兰克到达目的地后，看到爱因斯坦夫人正坐在自家屋前的走廊，而两个高大的男人正在台阶前兴奋地谈话。

看到佛兰克后,两个人立即冲过去把他抓到艾莎面前,等艾莎认出他的时候,才放开他。艾莎抱歉地解释,这两个人是政府派来的警卫,刚才慌忙中把他误认为是刺客了。

当得知佛兰克是从路人那里打听到自己的住所时,艾莎很吃惊,但爱因斯坦觉得好笑,并不认为比利时的保护会失去作用。

艾莎说,前不久她收到一封用德文写的信,信的主人要求见见爱因斯坦,但艾莎并不想让陌生人见自己的丈夫。"那人称自己是纳粹冲锋队的人,已经背叛纳粹党,现在想出售纳粹党的情报,并希望爱因斯坦能够付出相当的代价来购买这份情报。"

艾莎继续说:"我问他,怎么会认为爱因斯坦会有兴趣买?他说,'每个人都知道爱因斯坦是世界各地反纳粹的领袖。'因此我才决定卖给他。"

对于妻子的惊恐,爱因斯坦觉得好笑,他曾在去伦敦时受到过威胁自己会被谋杀的信,但他只是把信丢在一边,继续构思他的演讲。结果,他到伦敦后,会场挤满了观众和保护他的警察。而那次演讲,爱因斯坦呼吁全世界的爱心人士对被驱逐的犹太人给予帮助,并募得了五百万美元。

比起那些流亡的同胞,爱因斯坦要幸运得多,在他不能再待在德国的消息传开后,很多国家的大学都发出了请他任教的邀请。西班牙的马德里大学、法国的巴黎大学等都向他抛出了橄榄枝,但是他并没有接受。他认为纳粹的恐怖活动早晚会蔓延到欧洲。

虽然爱因斯坦对巴勒斯坦印象不错,但也同样拒绝了希伯来大学的邀请,他知道,那些被赶出大学的年轻科学家很难找到新的教职,因此他认为,希伯来大学应该优先考虑这些人。

爱因斯坦决定此后都在美国生活,并在美国结交了很多好友。

纳粹刚上台的几年,美国的著名教育家亚伯拉罕·福列斯勒博士同爱因斯坦见面,当时福列斯勒博士邀请他加入美国普林斯顿刚成立的高级学术研究院,爱因斯坦对此很感兴趣,但他已经答应第二年会去巴萨迪那,在柏林服务几个月,因为他无法背叛在德国忠诚的朋友。

现在,他重新考虑起福列斯勒博士的建议。当谈到薪酬时,福列斯勒提出的数字让爱因斯坦吃惊,他建议和爱因斯坦夫人商量一下,因此爱因斯坦高兴地把合约的部分拿给太太看。

成为普林斯顿研究院的一分子

1933年10月,爱因斯坦夫妇从英国某个港口出发前往美国。

1933年冬天,爱因斯坦开始了在美国的新生活。他担任普林斯顿高级学术研究院的职务。这所学校为那些取得博士学位的年轻学者提供继续深造研究的机会。福列斯勒博士仿照自由时代的德国大学创建了这所学校,开始只有数学系,后来增加了一些相关科系。

按照福列斯勒博士的计划，他聘请的学者还要亲自指导学生们从事研究工作。他不会因为他们的政治或宗教信仰而让他们遭受不公平待遇。1940年，这所研究院从最初的普林斯顿大学数学大楼已到了普林斯顿小镇郊外几千亩的大楼里。

爱因斯坦在这里享受到了充分的自由，他不必每天去上课，可以花更多时间在研究工作上。学院的教授都很随和，还有的教授能从事园艺和打高尔夫，他们也可以出现在橄榄球赛场上，热心地为球员加油。

普林斯顿的教授都有着广泛的兴趣，或者像爱因斯坦一样沉迷于工作中而不被打扰。

一次，一位学校人员问他需要什么设备。爱因斯坦说："一张桌子、一把椅子、纸和粉笔。哦，对了，再给我一个纸篓，要大的，足够装下我所有的错误。"

爱因斯坦得以继续研究他的"引力场"，这个理论包括引力、电力、磁力以及原子核的力量，可以提供原子能，爱因斯坦的目标就是用一项理论来解释三种不同的力量。

爱因斯坦很幸运地拥有一群聪明的数学家和物理学家作为自己的助手。黎格波·英菲德博士就是其中的一员。他曾经在举目无亲的时候，得到了爱因斯坦的帮助，现在他的祖国被纳粹占领，在爱因斯坦的帮助下，他才得以逃到美国，因此他十分感激爱因斯坦。

同很多伟大的科学家一样,爱因斯坦极有耐心,而英菲德也拥有一种创造者长久的激情。在他的自传《寻找——一位科学家的诞生》中,他这样描述:

我属于科学的大家庭,我们都经历过好奇的时期。那段期间,除了我们的研究问题,任何事情都不重要……我们也许需要几个星期、甚至几年的时间才能找到正确的实验方法。

我们尝试用不同的方法不断探索,我们知道,前方一定有我们寻找的答案……我们都会经历这样的情绪,不论是爱因斯坦还是其他学生,从事某种研究时,我们都曾体味过痛苦、失望和快乐的心情。

他们两个人曾经进行过很多次畅谈,并从谈话中整理出合作的著作《物理学的演化》。书出版后,英菲德把赠书拿给爱因斯坦看,但他一点儿也不感兴趣。这使得英菲德无法回答出版商提出的爱因斯坦是否喜欢这本书的问题。

英菲德说:"某项工作一旦完成,他的兴趣就随之消失了。后来,很多人拿着这本书找他签名,以至于让他养成一种习惯,一看到那本书蓝色的封面,他就会自动拿起钢笔。"

出书的前一天,纽约某报的记者致电爱因斯坦,请他为这本书说几句话。爱因斯坦说得很干脆:"我能说的都在书里了。"随后挂断了电话。

这位记者是否阅读了《物理学的演化》并深入研究了爱因斯坦的思想不得而知,但事实是这本书成了畅销书,甚至超越了当时卡耐基的著作。

但爱因斯坦还是不关心书的销售,甚至立刻忘掉了。他的助理班尼斯·霍夫曼描述爱因斯坦的工作状况时说:"他总是靠在椅子上,玩弄自己的头发,沉思一会儿,就会给出答案。而有时答案会花上几天甚至几个月的时间。"

同在柏林一样,爱因斯坦也得到了附近居民的欢迎。小孩子都很喜欢他。在某个圣诞夜里,一群孩子敲开了他的门,并给他唱起了圣诞歌曲,他专心地听着,唱完后,一名男孩向他索要礼物,他并没有准备好,于是回到屋子里,拿出小提琴,跟着小孩子出门去了。他说:"我跟你们一起,你们唱歌,我拉提琴。但你们要答应给我分一点钱。"

在到达美国的最初几个暑假里,爱因斯坦一家人找到一处避暑胜地,爱因斯坦得以再次享受游艇的乐趣。一次他的游艇开上了海滩,一个划船的男孩问:"怎么了,先生?""这里水太浅,我只能等涨潮后离开。"

"要不要我找别的船把你拉出来?四个小时后才会涨潮呢!"

"不用，谢谢了。"

"但这四个小时你怎么办？"

爱因斯坦对好奇的男孩摇摇头："我会很开心的，我可以坐在这儿思考问题。"

艾莎同丈夫一样，很快适应了美国的生活，她把这里的房子布置得同柏林公寓那般舒适。然而，不幸的是，女儿艾尔丝死亡的消息传来，令她十分悲痛，马加特索性搬到了普林斯顿，这令她稍感安慰。

跟随他们一起的还有爱因斯坦的秘书海伦·杜卡斯小姐。她帮助爱因斯坦回复很多不同的信件，帮了他很大的忙。

到达美国后，爱因斯坦举行了一场音乐会，为犹太人募集资金，结果募得六千美元。

他并不热衷参加各种活动，他认为自己能做的就是募集善款，用他的影响力帮助不幸的人。现在，情势所逼，他又开始撰写文章，并在电台发表演说，以他的犹太难民和权威科学家的身份，攻击恐怖的希特勒活动。

在纽约博览会期间，巴勒斯坦也要在会场建立自己的展览馆，并派出国家大使为美国民众发表演说词。对大使的选择，巴勒斯坦苦恼不已，最后他们决定选择爱因斯坦作为犹太人的代表。

爱因斯坦来到美国不久，柏林那种对爱因斯坦的英雄式崇拜再次上演，一次，爱因斯坦在匹兹堡发表演说，结束演讲后，他

名人励志传记丛书

退回贵宾室。一位狂热的观众竟然跳到讲台前,抢下了爱因斯坦的粉笔。虽然拿到了粉笔,却被迅速下降的幕布打到了头而昏倒。

不久以后,以相对论为主题的影片在纽约历史博物馆放映,很多观众因为无法挤入而推倒了博物馆的大门,第二天早上的头条新闻就是"博物馆警卫被科学迷制服,警方前往支援"。

爱因斯坦一家搬到普林斯顿三年后,原本舒适平静的生活因为艾莎的病而打破了。曾经的艾莎总是跑进跑出,为丈夫收拾衣服、准备茶点、拒绝访客。

在妻子弥留的最后几周里,爱因斯坦没有出现在研究院的办公室,而是一直留在家里的书房做研究。从大窗望出去,可以看到艾莎喜欢的花园。

他经常推开桌上的文件,翻阅几本书,不久后就会坐到妻子身边,他很少说话,只是静静聆听妻子诉说在德国的快乐日子。

有时候,艾莎会提起艾尔丝:"她那么漂亮,那么年轻,竟然就走了。"

一回忆起慕尼黑的往事,她就会提到爱因斯坦家屋后的花园和他最喜欢躲藏的那个树丛。"那个时候,你真是个不友善的小男孩,你总是躲着玛珈和我。后来玛珈嫁给了你最敬爱的老师的儿子,我们都很高兴,我希望她能来看看我们。但我想我可能见不到她了。"

艾莎去世几天后,英菲德来到玛瑟街拜访,家里人告诉他,爱因斯坦已经回到研究所工作去了。

英菲德感叹道:"只要爱因斯坦还活着,就没有任何人能阻止他工作。"

第五章

世人尊敬的"原子能之父"

有史以来对人类影响最大的公式

第二次世界大战爆发后,战争的硝烟如同草原的大火,迅速席卷了整个欧洲。而此时爱因斯坦位于玛瑟街家中的生活却显得格外平静。

杜卡斯小姐把爱因斯坦夫人应尽的责任主动承担起来,把家中收拾得井井有条,细致周到却不失严肃。

对于那些偶尔到访的不速之客,也一一婉拒,避免爱因斯坦的生活受到打扰。

除了少数的几个人,艾莎的女儿马加特就是其中之一,这位哥伦比亚大学的研究生,总是会给这个家庭带来很多欢乐。跟她一起的还有她养的一只可爱的小猫。教授很快就喜欢上了这只憨态可掬的猫咪。不久之后，这个家里还增添了一个新成员——一只名叫琪哥且喜欢捣乱的小狗。

1939年，马加特的哥哥来看望她。很多初见他的人，都惊叹于两兄妹是如此相似。不仅说话声音相似，而且语调也很像，就连两个人的直爽的个性也相差无几。

还有几个受到欢迎的访客，爱因斯坦的儿子汉斯和汉斯的妻子以及两个孩子：认真好学的伯纳德和活泼好动的小艾芙琳。汉斯之前一直在南方居住，之后带着家人搬到了伯克来，现在在加州大学的工程系担任教授。他的弟弟爱德华从事医药研究，和母亲一起住在瑞士。

早在1933年，爱因斯坦就曾经以观光客的身份来到美国。那时的他急于成为一名美国公民，然而根据移民法，成为美国公民的前提是在某处外国的土地上向美国领事提出申请。因此，爱因斯坦又来到英国属地百慕大。

在那里，他受到了美国领事的热情接待。而现在，爱因斯坦终于获得了美国的永久居住权，以美国公民的身份留在美国。

实际上，想要成为美国公民没有捷径可走。当初爱因斯坦成为美国公民，从百慕大回到美国后，还要等上五年的时间。他和马加特以及杜卡斯小姐花了很多时间用在研究美国宪法和美国历史上。

1940年对爱因斯坦来说是生命中重要的一年,对他的秘书和继女来说也同样如此。这一年,他们顺利通过考试,并正式成为了美国公民。

阿尔伯特·爱因斯坦是一个谨慎、理智的人,无论自己的国家是好是坏,都绝不会盲目地信仰。不同于那些土生土长的美国人,出生在欧洲的他更加清楚地意识到侵略国以缓慢、笃定的脚步向着自己的猎物前进。

他曾经目睹了日本在中国东北的侵略行为,意大利是如何占领无知的阿比西尼亚,法西斯主义和纳粹怎样横行西班牙,德国占领捷克。

这些都让他的恐惧与日俱增。他对美国以及欧洲民主国家的麻木和犹豫不决感到疑惑不解,不明白为什么这些国家看到那些动乱横行却始终无动于衷。

一次,他向一位高级外交官表达了自己的疑惑:"为什么美国不以商业抵制的方式来阻止日本侵略中国的行径?"

外交官是这样回答的:"对我们的商业利益来说,日本太重要了。我们有很多大商人的石油和钢铁销售渠道都要通过日本。"爱因斯坦怎样也想不到,这样一个追求自由的国家竟然会把战略物品贩卖给侵略者,这一点让他十分震撼。

有人提醒他,抵制一个国家或者拒绝购买这个国家的货品,就等于向这个国家宣战。此时的爱因斯坦已经不再是一个和平主义者,然而他始终相信,战争是荼毒人类的最危险的东西。

他深知,要抵抗就趁现在,绝不能坐以待毙。每当他读到从挪威到苏联的一些手无寸铁的人们惨遭屠杀的新闻,每当他想到欧洲那些优秀、勇敢的领袖们在集中营里受苦受难时,他就越发相信以暴制暴的正确了。

如果不是这样,那些善良的人们很快就会从地球上消失。有一群来自比利时的年轻人问他:"如果比利时加入战争,他们是否应该拒绝参战?"这位曾经是"反战"代表的科学家依然说道:"你们应该为祖国的自由而战。"

还有一次,爱因斯坦的一位同事在对"相对论"的讨论中,向爱因斯坦问道:"你未来的科学发展方向是什么?"爱因斯坦的回答一点儿也不像个科学家,倒像个诗人。他说:"谁也不知道,一颗正在成长的树木,它的树枝会向哪个方向伸展。"

就连爱因斯坦本人也不会想到,他提出的著名的公式 $E=mc^2$ 将在全球得到运用并震惊全世界。帕萨迪纳的米利坎博士在提到这个公式时,毫不夸张地说,这是"有史以来对人类影响最大的公式"。

在1905年时,爱因斯坦就提出了能量可以转变为质量,质量也可以转变为能量的观点。

在他提出这个观点的三十三年后,这个理论为铀的生产打下了基础,后人在此基础上发明了原子弹。

1938年在凯瑟威姆研究所里，这个著名的公式被奥托·哈恩和莱丝·梅特纳所研究。爱因斯坦一直很欣赏莱丝·梅特纳，并称她为"我们的居里夫人"。

在爱因斯坦看来，这位奥地利的女科学家甚至比居里夫人更伟大。哈恩和梅特纳小姐的研究取得了进展，他们发现了铀原子被击破后可以释放出巨大的能量。

幸运的是，当时的德国人还没有能力制造原子弹，这不得不说是人类的福气。由于拥有犹太血统，梅特纳的生命受到了威胁，她索性去了瑞典，才躲过了一劫。

后来，德国在苏联前线战争失败，希特勒和他的党羽们不想再以大量的财力、物力支撑哈恩和梅特纳的研究工作，他们认为应该把更多的金钱投入到他们急需的弹药上。因此，由于战争急迫需要武器，德国的科学家研究的这股可怕的力量无法得到政府的资助。

随后的发展过程里，科学家展示出惊人的团队协作力。那些物理学家、化学家、数学家和工程师，包括爱因斯坦和他的工作人员，在原子弹戏剧化的诞生过程里扮演了极其重要的角色。

为躲避追捕，莱丝·梅特纳带着她的研究成果逃亡到国外，见到了哥本哈根物理研究所所长尼尔斯·波尔博士。波尔博士虽然并不像爱因斯坦那样举世皆知，但是在物理学方面却也是一位显赫的人物。并且，他在英国和卢瑟福研究期间，对原子的构造进行了深入漫长的研究。

莱丝·梅特纳的发现引起了波尔极大的兴趣,因为埃里克·福米,这位从意大利法西斯主义残暴统治下逃亡美国的科学家,已经做出了这样的预期:一个铀核子分裂后,经过一连串连锁反应,可以让其他核子发生重复分裂。

经过计算,科学家们得出结论:一磅铀产生的能力相当于几千吨煤燃烧释放的热量,因此,很多科学家相信,用铀制造出炸弹,其毁灭力相当于普通炸药的几百万倍。

福米在得知莱丝·梅特纳和波尔得出的结果后,便立即会见了米里欧·史吉拉——这位来自柏林大学的犹太难民科学家在哥伦比亚大学从事科学研究——讨论制造原子弹的时间。他们深知,要想建立起制造原子弹的实验室并提供科学研究人员,美国政府至少需要几个月的时间。

他们认为,如果把这件事告诉陆军或者政府官员,是不明智的做法。这些官员很可能会认为他们是不切实际的大学教授。然而罗斯福总统倒是经常召见一些科学家,并给予他们帮助。因此,他们觉得,如果去见这位三军的最高统帅的话,也许做成这件事的概率会更大。

一封写给罗斯福总统的信

这件事情绝对是一个机密,不论是谁都不能知道他们为什么这么着急想要见到总统。

早在柏林的时候史吉拉就已经认识了爱因斯坦。他觉得，只要这位闻名全世界的科学家能够说一句话，那么目的就能很快达到了。

于是，他们两人联络了尤尼吉·威格勒——另一位在普林斯顿大学任教的匈牙利籍物理学家。1939年8月的一个清晨，他们一起离开纽约前往安静的迪拉维小镇去拜访爱因斯坦。

"您可以给总统写一封信，"他们说道，"要求他批准一个秘密的宏伟计划，研制原子弹。"

爱因斯坦有点儿迟疑。"我写信给罗斯福总统有用吗？我之前从未和总统见过面。"接着他又用非常单纯的口吻说道："总统先生根本就不认识我啊！"

史吉拉笑着说道："生活在美国这个国家的每一个人都知道您的大名，并且都非常的尊敬你。总统先生也肯定知道你的名字，听说他对您也是非常仰慕的。假如您给他写一封信的话，肯定会马上引起他的注意，不论他是多么忙。"

爱因斯坦仍然犹豫不决，他凝视着院子里的鲜花，开始陷入沉思中。

他的心里非常的悲伤，他喃喃自语道："我之前还自称自己是一位和平主义者呢！我曾经对外一再地公开宣称，将使尽一切力量去反对战争，并拒绝参加任何集体性的谋杀。

不管那是多么的微小；我还曾经一度请求世界上所有的善良人与我一道做善事，可是现在怎么又要利用我的影响力来研制这种可怕的杀伤性武器呢？"

爱因斯坦倚靠在椅子背上，内心充满了忧虑。那几位科学家彼此对望了一眼，谁都没有说话。

福米对爱因斯坦又低声说道："我们已经听到了足够多的谣言，说德国人准备进口铀。假如一旦让德国人得逞，那么纳粹势力便无法得到遏制。原子弹将会成为摧毁整个人类的最残酷武器。等到了那个时候，所有的人都将生活在希特勒的残暴统治下，那时候岂不是更加的可悲和残酷吗？"

于是，这位白发苍苍的老教授拿起笔开始给总统写起信来："福米和史吉拉将他们最近研究的原稿给我过目，我深信，铀元素未来会成为一种重要的能源……这将促使一种威力极大的炸弹诞生，它能够瞬间毁灭一个巨大的港口。港口里的东西都会马上被烧成灰烬……"

爱因斯坦呼吁，政府应该出面支持由科学家负责的调查工作，而且这项调查工作应该马上展开。

他警告总统，德国人已经积极地行动起来了。假如德国人先拥有了原子弹，那么人类社会将面临有史以来最大的一场生存危机。

由于这封信必须绝对保密，因此这封信不能直接邮寄给总统。

可是谁又是最合适的"信差"呢？结果，他们还真找到了这样一个人——纽约市的亚历山大·萨克斯，他与总统身边的官员保持着良好的关系。

可即便如此，爱因斯坦的这封信送到总统手上的时候，已经是两个月后的事情了。

最后，在高度保密的情况下，原子弹的研究工作在美国的几个秘密地点展开了。

原子弹：世界上威力最大的炸弹

在绝对保密的情况下，五年后，第一枚原子弹在后来加入的奥本海默的带领下试爆成功。

但问题随之而来，这种恐怖的武器能够用在敌国身上吗？1945年春天，参与原子弹项目的每一位科学家一想到这种武器会投入使用时，就浑身发抖。

爱因斯坦宣称："自人类发现火后，我们这一代为全世界带来了一股使命性的力量。"

他和其他的科学家要求美国向敌方提出警告，让对方知道我们已经发明了秘密武器，并允许敌国代表参观试爆，让他们有所畏惧，尽快投降，结束血腥的战争。

但杜鲁门总统及其军事顾问认为试爆表演不能保证战争的胜利，对他们来说，消灭广岛、长崎，再迫使惊慌的日本人投降，比强行攻占日本要省事得多，也更合乎人道。

爱因斯坦接到了一份称他为"原子能之父"的褒奖令，他表示拒绝，并声明："我并没有想到原子弹会在我的时代诞生。我认为原子能只能是理论上出现。结果无意中发现的连锁反应促使了原子能的实现。这是哈恩在柏林的发现，而莱丝·梅特纳提供了准确的解释，并把资料交到了波尔手里。"

他经常提到原子弹造成的威胁。如果制造原子弹的秘密被公开，那么战争发生后，世界上会有三分之二的人口消失。接着他又说，这种威胁能促使人类恢复国际秩序，而并不是为了加强人们的恐惧。

爱因斯坦年纪大后，被选为原子科学委员会的主席。委员会募集了一百万美元的基金，用于推进教育计划，保证原子能用在促进人类事业而非毁灭人类上。

有人把原子弹比喻为潘多拉的盒子，认为原子弹会危害人类，但是在未来几年里，有关原子弹的研究也许会为人类带来幸福。

当时的医药人员已经把原子能看成治疗绝症的良方。他们认为利用中子光束治疗癌症组织是有效的，用放射性碘治疗甲状腺瘤也被证明有效果。科学家还研究放射性钙对骨骼的治疗。

还有研究证明，原子能的开发可用于营养学的研究，它不仅能使地球上的饥饿消失，也能给人们带来财富。城市将会出现更多的能源和丰富的食物、衣着、房屋的建设。煤矿将不会再利用，

电费也会降低很多。

这都是铀未来取代煤和水力的结果。我们或许会做这样的预测：人们无法居住的热带区将会装置冷气，并建立大量灌溉系统，美国的沙漠将变成肥沃的土地，工业将得到重大改革。最起码，工人的劳力会得到解放。

虽然爱因斯坦无法看到未来这个美好世界的实现，但这是他为人类服务的终极目标，他期待早日实现。

哈德逊河旁的教堂建成后，里面可以看到很多雕像，有《圣经》里的经典人物，各个时代的圣徒，还有世界上最伟大的思想家、领袖。

最开始大家认为教堂里的雕像都是过去的人物，直到爱因斯坦的雕像出现在教堂里，并和很多对人类极有贡献的人站在一起，比如柏拉图和苏格拉底，科学家牛顿和达尔文等。

教堂的牧师哈里·福斯迪克在一次在讲道时，称赞爱因斯坦是世界上最伟大的科学家，对人类做出了杰出的贡献，具有真正的宗教精神。

这样的颂词让爱因斯坦很欣慰。在他的《宇宙宗教》里，他试图让人们了解他对宗教观念的不断追求的精神。

在回忆爱因斯坦在研究室进行长时间的工作时，班尼斯·霍夫曼说："他在讨论一项理论时，就像要把所有仔细思考的假设都推翻，因为他认为这样太人工化了。"

爱因斯坦总是说:"我没法接受,上帝的工作不会这么死板,如果我是上帝,我会怎么做?"

一代科学巨匠悄然陨落

在七十六岁那年,爱因斯坦已经正式从高级学术研究所退休了,但他仍然继续他的研究工作。有时他会去实验室,有时他待在书房里,看着花园,思考着还没完成的"场理论"。

很长一段时间,他都陷入了思考,接着拿起笔,在纸上写下密密麻麻的数字。如果纸张掉在地上,细心的杜卡斯小姐会捡起来,然后把它们整理好。

他总是对这个世界充满好奇,试图多发现世界的秘密。他就像对字谜冥思苦想的人,也像正在思考下一步棋怎么走的人。

而实际上,爱因斯坦对字谜并不感兴趣,也不喜欢下棋。他喜欢猜谜语,但不是凭空想象的谜题,而必须是真实存在的谜题。问题是怎样产生的,他或许不得而知,但肯定的是,问题永远不会结束,只有不断思考他才能解决谜题。

这是愉快的一天,爱因斯坦一边让小狗跳到膝盖上,一边回想自己一天的经历:早上在寒风中散步,接着跟年轻的难民聊天,然后和原子科学委员会代表开会。

他想到下午收到的汉斯的来信,脸上露出了微笑。很难想象自己的儿子也做了父亲,而且他也是一名教授。

一切都像是昨天，他还是那个小男孩，对漂亮的奥地利军服羡慕不已。他和杜卡斯以及马加特一起吃过晚餐，然后上楼去看玛珈。玛珈最近身体不适，爱因斯坦坐在她旁边，给她念了一段书，她很开心。

不久，几位朋友拜访了他，他们一起聊天，然后开始一场家庭演奏会，结束了这个冬天的晚上。

爱因斯坦现在很少拉小提琴，他更喜欢靠在椅子里听别人演奏。而现在，音乐声仿佛越来越远，他那双寻找宇宙谜题并且充满好奇的眼睛变得越来越模糊。他仿佛回到了多年前的德国，那个遥远的德国。

他仿佛看到一个小男孩，过了上床睡觉的时间，却仍然坐在黑暗的楼梯口，听他的母亲在楼下客厅里演奏贝多芬的曲子。

1955年4月18日，爱因斯坦去世的消息很快传遍了全世界。他在几天前感觉身体不适，住在了普林斯顿医院里，于凌晨1点15分离开人世。

当时一名值班的护士在他身边，听到他模糊中说了几句德语，但她听不懂他说的是什么。

全世界的科学家、政治家、领袖都为他的去世感到悲哀。世界上仰慕他的人都为他致哀。

艾森豪威尔总统说："没有什么人能比得上爱因斯坦为人类做出的巨大贡献，也没有人比他更谦逊，更有智慧。对于生活在

名人励志传记丛书

核子能世界的每个人来说,爱因斯坦彰显出个人在社会中所产生的无比的价值。"